공자의 일상 공경 - 논어 향당 편

공자의 일상 공경 - 논어 향당 편

발행일	2022년 10월 14일

지은이	이권효		
펴낸이	손형국		
펴낸곳	(주)북랩		
편집인	선일영	편집	정두철, 배진용, 김현아, 장하영, 류휘석
디자인	이현수, 김민하, 김영주, 안유경, 최성경	제작	박기성, 황동현, 구성우, 권태련
마케팅	김회란, 박진관		
출판등록	2004. 12. 1(제2012-000051호)		
주소	서울특별시 금천구 가산디지털 1로 168, 우림라이온스밸리 B동 B113~114호, C동 B101호		
홈페이지	www.book.co.kr		
전화번호	(02)2026-5777	팩스	(02)2026-5747

ISBN	979-11-6836-534-6 03140 (종이책)	979-11-6836-535-3 05140 (전자책)

(주)북랩 성공출판의 파트너

북랩 홈페이지와 패밀리 사이트에서 다양한 출판 솔루션을 만나 보세요!

홈페이지 book.co.kr · **블로그** blog.naver.com/essaybook · **출판문의** book@book.co.kr

---

작가 연락처 문의 ▸ ask.book.co.kr

작가 연락처는 개인정보이므로 북랩에서 알려드릴 수 없습니다.

공자의
일상 공경

논어 향당 편

이권효 지음

 북랩

목차

•
，

;

유학(유교)의 바탕 일상 공경(日常 恭敬)

나는 2011년 《한글로 통하는 논어》라는 책을 출간했다. 《논어(論語)》를 한글로 표현할 때 우리말(한국어)의 뜻이 쉽고 빠르게 이해됐으면 하는 뜻에서 했던 작업이다.

1편 〈학이〉부터 20편 〈요왈〉까지 논어 20편을 다루면서 10편 〈향당〉은 "이 편(총 18장)은 공자가 조정이나 일상에서 보여준 몸가짐과 의식주 생활의 여러 측면을 제자 등이 묘사한 내용이 대부분이다."라는 두 줄짜리 소개만 하고 11편(선진)으로 넘어갔다. 그때 나의 머릿속에는 "향당 내용은 별로 주목할 부분이 없으니 그냥 넘어가도 되겠다."라는 선입견이 있었다. 논어에 관한 해설서가 대체로 향당 편에 대해서는 특별한 가치를 두지 않는 경우가 많은 점에 영향을 받았던 것 같다. 향당 편은 논어 전체 내용과 어울리지 않아 공자와 논어의 가치를 떨어뜨리는 것으로 잘못 편집돼 들어갔으리라는 평가도 많다. 향당 편 내용은 시시콜콜하고 자질구레하여 별로 볼 게 없다는 주장이나 평가처럼 생각됐다.

논어의 다른 편에는 살신성인, 과유불급, 온고지신, 무신불립, 교언영색 등 한자(漢字)를 함께 쓰지 않더라도 그 뜻을 쉽게 알아 일반 대중에게 널리 알려진 구절이 매우 많은 데 비해 향당 편은 그렇지 않다. 공자 개인의 의식주 및 행동을 어떤 사람이 관찰하여 묘사한 내용이 담겨있다. 공자는 옷을 어떻게 입고 음식을 어떻게 먹는다는 등 별로 음미할 가치가 없는 내용이 쓸데없이 들어간 게 아닌가 하는 생각이 들 수도 있다. 나에게도 향당 편에 대한 이 같은 부정적인 선입견이 들어 있게 된 이유는 논어 연구에서 향당 편이 다른 편에 비해 소홀한 분위기에 영향을 받았을 수 있다.

이후 나는 유학(儒學)을 비롯한 동양철학을 공부하면서 논어에 대한 이해가 조금 더 깊어졌다. 그 사례 가운데 하나가 향당 편에 대한 새로운 인식이다. 향당 편이 오히려 논어 20편의 첫 번째, 즉 머리 편(수편, 首篇)이 되면 좋지 않을까 하는 생각까지 들었다. 유학의 유학다움, 유교의 유교다움이라는 정체성(正體性, Identity)을 향당 편에서 가장 구체적으로 발견할 수 있다고 느낀다. 유학의 정체성은 〈일상〉(日常, ordinary life, daily life)을 긍정(肯定)하고 공경(恭敬)하는 태도에서 찾을 수 있기 때문이다.

공자의 일상 공경-논어 향당 편

일상의 기본은 먹고 입고 자고 말하고 행동하는 의식주행(衣食住行)이다. 이는 매우 구체적인 행위이다. 과유불급, 무신불립, 온고지신, 불치하문 같은 표현은 오히려 추상적이고 관념적이다. 많은 동양철학 고전 중에서 주인공의 의식주행을 향당 편처럼 구체적으로 기록한 경우는 논어가 유일하다. 향당 편은 논어의 군더더기가 아니라 공자와 유학(유교)의 바탕이다.

논어 향당 편을 소홀하게 다루는 이유는 그 내용이 공자의 철학이나 사상과는 거리가 있다는 선입견 때문으로 보인다. 사상가의 사상은 그의 사람됨과 분리해서 생각하기 어렵다. 아무리 듣기에 좋고 유익한 말과 글이라도 그 사람의 일상 언행과 사람됨이 부족하다면 그의 사상을 신뢰하기 어렵다.

공자가 일상의 의식주행에서 보여주는 사람됨은 그의 사상에 신뢰를 부여하는 바탕이요 뿌리다. 어떤 사상이 신뢰와 가치를 갖기 위해서는 그 사상을 주장하는 사람의 사람됨과 분리할 수 없다는 기본을 다시 생각해볼 필요가 있다. 유학(유교)에서 일상의 삶은 그 자체가 사상이요 철학이다. 일상을 긍정하면서 공경하는 바탕에서"배우고 익히면 얼마나 기쁜가." "자신에게 내키지 않는 일은 다른 사람에게도 강요하지 않는다." 등 널리 알려진 논어 구절도 현실적 가치를 갖는다.

유학(유교)의 핵심 철학인 중용(中庸)은 평범한 일상의 가치와 맞물려 있다. 용(庸)은 일상의 평범함이다. 공자의 일상 모습, 즉 그의 의식주행(衣食住行)이 많이 담긴 향당 편을 통해 공자라는 사람과 그의 삶을 느끼는 것은 유학(유교)의 참모습에 다가가는 길이다.

향당 편은 일상을 중시하는 공자와 유학(유교)의 특징을 잘 보여준다. 내용 중에는 형식 면에서 지금 시대와 맞지 않는 부분도 많지만, 본질이나 벼리는 일상 행위에 담긴 '일상을 중시하여 긍정하고 공경하는 태도'이다. 이는 공자와 논어, 유학(유교)을 관통하는 정신이고 태도이며 실천이다. 공자의 핵심 사상으로 꼽히는 어짊(仁) 또한 일상 공경에서 나오는 정서이다. 공자가 지은 노나라 역사서 《춘추》를 관통하는 정신도 일상의 삶에 대한 공경이라고 할 수 있다. 이 책이 향당 편을 논어의 다른 편과 분리하여 다루는 까닭이다.

나는 향당 편에 기록된 공자의 일상이 그의 50대 초반 모습으로 추정한다. 많은 논어 해설서가 이 부분에 대해서는 대체로 그냥 공자의 일상이라는 식으로만 언급하는데, 독자들은 향당 편을 읽을 때 50대(52세부터 54세까지)의 공자를 생각할 필요가 있다. 이런 상황을 염두에 두지 않고 향당 편을 읽으면 공자를 70대 노인의 모습으로 잘못 떠올릴 수 있다.

공자는 50대 초반에 노나라의 형벌을 책임진 사구(司

寇, 조선시대 관직으로 형조판서 또는 요즘의 검찰총장에 해당)라는 관직을 맡은 적이 있다. 공자가 사구 관직을 맡았느냐에 대해서는 논란이 있지만 향당의 내용에 공자가 임금이 있는 조정에서 보인 행동이 많다는 점은 그가 사구라는 관직을 맡았다는 증거가 될 수 있다.

  공자가 사구라는 높은 관직을 맡았다는 이야기는 《맹자》〈고자 하편〉에 맹자의 말(孔子爲魯司寇)로 나온다. 사구 관직과 관련된 첫 기록으로 추정된다. 맹자보다 70년가량 뒤에 태어난 순자는 《순자》〈유좌〉 편에서 공자가 노나라 사구가 되어 재상 역할까지 대행했다고 말한다. 사마천은 이 같은 내용을 근거로 《사기》〈공자세가〉에 공자가 대사구였다고 기록했을 것이다. 대사구는 사구를 지휘하는 책임자이다. 《주례(周禮)》에 따르면 대사구는 대부 위 직급인 경(卿) 1명, 사구 즉 소사구는 대부 2명으로 구성돼 있다. 공자가 사구 중에서 대사구였는지 소사구였는지는 근거를 확인하기 어렵다.

아쉬운 측면은 공자가 14년이라는 긴 유랑생활을 끝내고 고국 노나라로 돌아온 68세부터 73세에 별세하기까지 5년의 기록이 향당 편에 전혀 없다는 점이다. 이 시기는 공자의 삶이 원숙한 경지로 접어들면서 문헌정리를 비롯해 제자들과 함께 열정적으로 공부하면서 삶을 완성시킨 중요한 시기이다. 이때의 일상 모습이 어땠을까 궁금하지만 일상을 더욱 성숙한 태도로 공경하는 모습은 한결같았으리라 짐작한다. 공자가 노나라를 떠나 14년 동안 여러나라를 다닌 시기를 흔히 '천하주유(天下周遊)'라고 표현하지만 이는 정확하지 않다. 주유는 본인이 자발적으로 여기저기 다니면서 유람하는 여행 같은 뉘앙스를 풍긴다. 공자는 당시 노나라의 정권 실세들과 정치에 대한 견해가 매우 달라 거의 추방되는 상황에서 어쩔 수 없이 노나라를 떠나야 했다. 유랑(流浪)이라고 표현해야 상황에 맞다. 맹자는 노나라를 떠나는 공자의 상황을 "공자께서 노나라를 떠날 때 발걸음이 떨어지지 않았다."라고 표현(《맹자》〈고자 하편〉 및

〈진심 하편〉)했다.

향당 편은 본디 하나의 긴 문장으로 구성되어 있었으나 송나라 주자(朱子)가 이를 18개 구절(마디)로 나누면서 지금까지 표준적인 내용 구분으로 되어 왔다. 이 같은 구분은 어떤 명확한 기준에 따른 것이 아니라 주자가 임의로 나눈 것이므로 특별한 의미가 없다. 이 책은 내용 이해의 편리성을 기준으로 전체를 63개 구절(마디)로 나누어 자세하게 살폈다. 중국의 대표적인 고전(古典) 출판사인 중화서국(中華書局)에서 발간하는 논어는 향당 편을 비롯해 전체 내용에 구절을 구분하는 숫자가 없다. 이것이 논어의 본디 편집 모습일 것이다.

논어의 다른 편에는 향당 편에 편집하면 적당한 내용이 있다. 향당 편과 함께 읽으면 유익하므로 별도로 정리했다. 부록에《퇴계선생언행록》중에서 퇴계 이황의 일상을 느낄 수 있는 내용을 간추려 실었다. 논어 향당

　　　　　　　　공자의 일상 공경-논어 향당 편

편과 함께 음미하면 일상을 소중하게 여기는 유학(유교)의 특징을 느낄 수 있다. 정도의 차이가 있을 뿐 일상을 소중하게 여기지 않는 종교나 사상은 없겠지만 적어도 공자와 논어, 유학과 유교를 음미하려면 향당 편의 가치를 새롭게 인식할 필요가 있다.

유학(儒學)과 유교(儒敎)는 명확하게 구분하기 어렵다. 유학은 학문적인(학술적인) 느낌을 주는 용어로, 유교는 종교적인 느낌을 주는 용어라고 할 수 있지만 정확한 설명은 아니다. 반반씩 섞여 있다고 하는 게 정확할 것이다. 이런 사정에서 이 책에서는 '유학(유교)'처럼 표현한다.

2022년 10월

이권효

1부

1. 《논어 향당 편》의 특별한 가치

논어 20편 중에서 제10편으로 편집되어 있는 〈향당(鄕黨, 지역공동체라는 뜻)〉 편은 다른 19편과는 성격이 전혀 다르다. 향당 편을 제외한 내용 대부분은 공자 또는 제자의 말, 공자와 제자의 대화로 구성되어 있다.

향당 편은 공자의 의식주를 비롯한 일상의 태도와 행동에 관한 제3자의 관찰 기록으로 구성돼 있다. 《노자(도덕경)》, 《맹자》, 《순자》, 《장자》, 《묵자》, 《한비자》 등 동양철학의 대표적인 고전 문헌 중에서 그 문헌의 주인공이 어떤 사람인지에 관한 기록은 없다. 오직 《논어 향당 편》에서 논어의 주인공인 공자의 일상을 생생하고 구체적으로 엿볼 수 있다.

논어 향당 편에 기록된 공자의 일상에 한결같이 흐르는 정신과 태도는 공경스러움이다. 공자라는 사람이 일상의 의식주행에서 공경을 실천하지 못했다면 그가 남긴 많은 어록(語錄)도 알맹이 없는 말장난에 지나지 않을 수 있다. 예를 들어 공자는"자식이 부모를 공경하지 않고(不敬) 단순히 먹여 살린다면 이는 효도가 아니어서 짐승과 구별할 수 없다."라고 했다(논어 위정 편, 예기 방기 편). 이런 말은 공자가 아니더라도 사람으로서 양식이 있다면 얼마든지 할 수 있다. 세계 각국의 종교를 비롯해 격언이나 속담 등에서 흔히 볼 수 있는 교훈이다. 공자라는 역사적 인물이 이런 말을 했다고 하여 그 말의 권위가 저절로 생기는 것도 아니다. 공자 자신이 실제 일상에서 얼마나 공경스러웠는지 느낄 수 있을 때 비로소 그가 남긴 말도 신뢰할 수 있다. 논어 향당 편을 통해 공자의 공경스러운 일상을 살피려는 까닭이다.

주자(주희)는 《논어집주》에서 논어 20편을 각각 소개하면서 향당 편을 비교적 구체적으로 언급했다. 다른 편은 대부분 "이 편은 모두 24장이다(凡二十四章)."처럼 간략하게 언급한다. 《논어집주》는 예나 지금이나 논어 이해의 교과서 역할을 하고 있다.

주자는 북송시대 유학자 양귀산과 윤언명의 설명을 집주(集註)로 소개하면서 특별한 의미를 부여한다. 내용은 이렇다. "양씨가 말했다. 성인의 도리는 일상생활에서 벗어나지 않는다(不離乎日用之間也). 그러므로 공자의 평소 행동을 문인들이 자세히 살펴 기록한 것이다. 윤씨가 말했다. 훌륭하구나! 배움을 좋아하는 제자들의 태도여! 공자의 얼굴빛과 말씀과 행동을 구체적으로 기록하여 후세에 남겼다. 지금 그 내용을 읽고 생각해보면 공자께서 마치 눈앞에 계신 듯하다. 공자께서 어찌 일부러 이렇게 했겠는가. 훌륭한 덕이 지극하면 행동이 저절로 예의에 맞는다. 배우는 사람들이 공자를 깊이 생각한다면 마땅히 공자의 일상 모습에서 찾아야 할 것이다."

여기서 매우 중요한 말은 "일상생활에서 떠나지 않는다."라는 부분이다. 유학(유교)의 특징을 압축하는 의미가 들어있다. 유학(유교)이 노장사상이나 불교사상과 근본적으로 구별되는 특징이다. 방외학(方外學)이라는 말은 유교의 관점에서 도교와 불교를 가리킨다. 일상이라는 속세를 벗어나는 학문이나 종교라는 뜻이다. 방외지지(方外之志)는 보통 사람들이 살아가는 세상과 인연을 끊으려는 뜻을 가리킨다. 불교나 도교가 일상 현실을 외면하거나 부정하는 것은 아니지만 일상을 고통스럽고 덧없는 삶으로 보면서 다른 차원의 삶을 설정하여 추구하는 측면은 있다. 불교는 극락세계라는 일상과 다른 차원을 설정하고 도교는 신선세계가 그와 같은 역할을 한다. 극락세계나 신선세계가 잘못이라기보다는 의식주행의 일상세계보다 다르고 나은 세계를 설정하고 추구하는 차원이 있다.

주자(1130-1200)는 불교와 도교(노장사상)를 허무적멸(虛無寂滅)의 종교로 규정하면서 세상을 어지럽히는 사악한 사이비 이단 사상이라고 강하게 비난한다(《대학》 《중용》 서문). 이는 불교와 도교를 학문적으로 연구한 정당한 평가가 아니라 유학(유교)을 방어하여 지키기 위한 감정적 배척에 불과하다. 지금 시대를 기준으로 하면 주자의 이 같은 관점은 전혀 통할 수 없다.

주자의 이 같은 태도는 송대 성리학(흔히 성리학이라고 부르지만 성리유학이라고 해야 정확하다. 성리학은 독립적인 학문이 아니라 유학과 유교의 한 줄기이기 때문이다)의 선구자로 평가되는 당나라의 저명한 사상가이자 문장가인 한유(韓愈, 768-824)의 영향을 크게 받은 것으로 추정된다. 한유는 그의 대표적인 유학 옹호 글인 《원도(原道)》에서 불가(불교)와 도가(노장사상)를 혐오하면서 극단적인 말투로 비난한다. 불교와 도교를 따르는 사람은 정상적인 인간이 아니므로 그들의 글과 책은 불에 태우고 그들이 사는 집은 보통 사람들에게 돌려줘야 한다는 극단적인 주장을 편다. 유학(유교)만이 불교와 도교의 사이비 행태를 뿌리 뽑고 사람다운 올바른 길을 확보할 수 있다는 것이다. 이 또한 정당한 학문적 비판이 아니라 유학을 방어하기 위한 비뚤어진 분노에 지나지 않는다.

유학(유교)은 삶의 일상성을 중시하는 '지금 세상과 현실'을 외면하거나 넘어서려고 하지 않는다. 괴로운 삶이라고 하더라도 끊임없이 자신과 사회를 향상시키려는 주체적 노력을 포기하지 않는다. 이 같은 가치 바탕이 없다면 향당 편의 독특한 기록도 성립할 수 없다. 그런데 주자를 중심으로 하는 송나라 유학에서 무극(無極), 태극(太極), 성리(性理) 등 추상적 관념이 대거 등장하면서 일상을 중시하는 공자의 모습에서 오히려 점점 멀어졌다. 도교와 불교의 이론을 가져오면서 유학(유교)는 정체를 알기 어려운, 그래서 일상과 점점 동떨어지는 현상을 낳았다. 유학을 지키기 위해 감정적으로 공격한 불교와 도교의 이론을 유학(유교)이 도입하면서 대결하는 과정은 유학(유교)의 정체성을 헷갈리게 만드는 측면이 강하다. 조선시대는 이 같은 송나라 성리학을 인식

론적 반성은 거의 하지 않은 채 맹목적으로 수용했다.

이런 과정과 모습은 공자의 참모습(진면목)과 동떨어진 것이다. 유학(유교)의 바탕으로서 공자의 일상은 보통 사람들이 생활하는 밥 먹고 옷 입고 잠자고 말하고 행동하는 의식주행(衣食住行)과 분리되지 않는다. 주자와 조선시대 성리학은 공자를 시조(始祖)로 내세우지만 유학(유교)의 발전이 아니라 변질이고 퇴보라는 측면이 분명히 있다.

조선시대 퇴계 이황은 제자에게 논어를 강론하면서 다음과 같이 말한다. "성인의 도리는 크고 작음에 따른 구별이 없고 안과 밖의 차이가 없다. 집 안을 청소하고 어른 말씀에 응대하며 예절에 따라 진퇴하는 일상적인 일부터 위로는 하늘의 무궁한 도리에 이르기까지 처음과 끝이 한결같다. 논어도 반드시 이런 관점에서 읽어야 비로소 논어의 의미와 성인의 도리를 깨닫게 된다. 논어 향당 편도 모두 위에 말한 두 구절(음악을 담당하는

시각장애인과 장례를 치르는 사람에게 예의를 갖추는 행동)과
비슷한 내용이다. 성인의 도리는 밝고 밝아서 지금 바
로 우리 눈앞에 나타나 있는 것이다."(《퇴계선생언행록》
권2 〈강변(講辨)〉) 이 책의 부록에 퇴계 이황의 일상을 다
룬 이유도 이 같은 맥락에서다. 퇴계를 가리켜 '동방(우
리나라)의 주자'라고 부르는 경우가 많은데, 이는 퇴계의
삶과 사상을 좁히는 규정이다. 차라리 '동방의 공자'라
고 부르는 게 적절하다.

일상 공경은 일상을 부정하거나 비관하지 않고 긍정
하며 낙관하는 정서에서 나온다. 논어의 첫 구절은 널
리 알려진대로 공자의 말로 기록된 "배우고 익히면 얼
마나 기쁜가.", "뜻이 맞는 벗이 멀리서 찾아오면 얼마나
즐거운가."이다. 여기서 두드러지는 말은 '기쁨'(說, 悅)과
'즐거움'(樂)이다. 이는 일상에서 성취할 수 있는 기쁨이
요 즐거움이다. 일상을 괴로움으로 가득 찬 세계로 보
면서 다른 세계(피안)을 추구하는 태도가 아니다.

일상 현실은 우연적이고 불확실하여 불안하지 않을 수 없지만 사람들과 함께 노력하여 일상을 긍정하는 인생관이 들어 있다. 긍정은 즐겁게 여기는 정서이다. 긍정의 '긍'(肯)은 옳다고 여기며 즐기는 태도이므로 악(樂)의 정서이고 태도이기도 하다.

논어 전체에 언급된 주요 개념의 횟수를 보면 유학(유교)의 핵심이 일상을 공경하면서 자신을 주체적으로 성장시키려는 태도와 노력에 있음을 명확하게 확인할 수 있다. 즉 언어(言, 126회) 예의(禮, 74회) 배움(學, 64회) 좋아함(好, 53회) 즐거움(樂, 46회) 공경(敬과 恭, 34회) 신뢰(信, 38회) 부끄러움(恥, 17회) 등이다.

언어(말)의 사용횟수가 특히 두드러지는데, 이는 일상생활에서 언어는 사람됨을 드러내는 매우 중요한 역할을 하기 때문일 것이다. 어짊(仁, 109회)은 이 모든 사람됨의 가치를 총체적으로 드러내는 역량이다. 이를 실천하는 사람이 가장 높은 수준의 인격자로서 군자(君子, 107회)이다.

공자가 제자 자로에게 "나는 배움에 몰입하면 먹는 것도 잊을 정도다. 그 즐거움이 크므로 이런저런 근심 걱정도 이겨 낼 수 있다."(發憤忘食, 樂以忘憂. 논어 술이 편)라고 했다. 이런 즐거움은 일상 현실을 긍정하면서 공경하는 바탕에서 가능하다. 공자가 특히 마음에 둔 제자인 안회에 대해 "그 즐거움을 바꾸지 않는다."(不改其樂. 논어 옹야 편)하면서 칭찬하는 맥락도 마찬가지다. 공자가 교육을 강조하고 잘못을 고치는 자세와 노력을 인격의 바른 모습으로 강조하는 것도 일상을 긍정하고 공경하는 바탕에서 나온다.

이 같은 공경은 고요하고 소극적인 태도가 아니다. 일상이 마주하는 현실이 괴롭더라도 주체적으로 분투 노력하여 이겨내는 활발하고 적극적인 에너지로 드러난다. 세상이 어지럽다면서 숨어 사는 사람들(은자)이 공자의 제자에게 "공자를 따라다니지 말고 우리처럼 사는 게 낫다."라고 했다. 이 말을 전해 들은 공자는 제자

자로에게 "내가 사람들과 함께하지 않으면 무엇을 가지고 더불어 사는 세상을 만들 수 있겠는가. 세상이 올바르다면 내가 구태여 이렇게 발버둥치지 않을 것이다."(논어 미자 편)라고 말했다. 또 어떤 사람은 공자를 가리켜 "아, 어지러운 세상을 바르게 한다는 건 불가능하다는 것을 알면서도 애쓰는 그 사람 말인가요?"(논어 헌문 편) 같은 기록도 마찬가지다.

공자가 한결같이 배우는 태도를 즐겁게 실천한 호학(好學)을 비롯해 누구나 교육을 통해 사람의 길을 주체적으로 넓힐 수 있다는 유교무류(有敎無類. 논어 위령공 편)와 인능홍도(人能弘道. 논어 위령공 편)도 일상을 공경하는 바탕에서 가능하다. "서너 명이 함께 일을 해보면 그중에는 스승처럼 무엇을 배울 만한 사람이 꼭 있다."(三人行, 必有我師. 논어 술이 편) 같은 태도 또한 일상에서 배움을 구하는 자세에서 나온다.

공자는 성리(性理)를 거의 말하지 않았다. 논어에 성

(性)은 2회 언급될 뿐이며, 그 의미도 사람의 성품을 간단히 언급하는 정도이다. 이(理)는 한 번도 나오지 않는다. 그런데도 송나라 유학인 성리학이 조선시대의 주류 유학으로 오백 년 동안 이어지면서 오늘날까지 마치 성리학이 유학의 바탕이요 본질인 것처럼 사람들에게 각인되어 있다. 공자 유학은 성리학으로 불리는 유학과는 결(무늬)이 다르다. 향당 편은 공자 유학의 뿌리와 결이 어디에 있는지 느낄 수 있는 실마리를 보여준다.

일상 공경의 정신은 개인과 공동체의 일상생활을 넘어서는 차원이 있다. 일상의 축적 과정으로서 '역사'가 그것이다. 공자가 정리한 역사서 《춘추》의 바탕이 되는 마음가짐은 무엇일까? 공자는 노나라 임금(公) 12명의 재위 기간인 242년 동안 일어난 중요한 일을 어떤 명확한 기준에 따라 아주 간결하게 정리했다. 《춘추》의 깊은 뜻은 권위 있는 해설서인 《춘추좌씨전》을 통해 알 수 있다.

《춘추좌씨전》은 《춘추》에 기록된 일상 사건을 '예의

이다'(禮也)와 '예의가 아니다'(非禮也)의 관점에서 판단한다. 예의는 공경이다. 어떤 일에 대해 권장하고 경계하고(권계, 勸戒) 칭찬하고 나무라는(포폄, 襃貶) 기준은 공경과 예의이다. 역사적 일상에서 드러나는 공경하지 못한 태도를 뉘우치게 하여 바르게 하려는(懲不敬) 것이 춘추 정신이다(《춘추좌씨전》 문공 14년). 이 책이 논어의 향당 편을 특별히 음미하는 목적도 《춘추》가 강조하는 예의, 즉 공경 태도에 닿는다.

2. 공자의 성품 형성과 어머니

공자의 출생은, 부모의 야합(野合, 비정상적인 결합)이라는 사마천의 표현처럼, 부모의 정상적인 결혼에 따른 일이 아니었다. 공자는 세 살 때 아버지를 여의었기 때문에 아버지 얼굴을 모른다. 어머니는 아버지의 후처도 아니고 첩도 아니다. 그래서 공자는 태어난 후 아버지의 집안(본가)에서 완전히 격리된 외딴곳에서 성장했다. 그곳이 태산 줄기인 곡부의 니구산 기슭이다. 사람들의 눈을 피해 산기슭에서 어머니와 함께 살아가는 가정 형편은 매우 어려웠을 것이다. 노나라의 무사(장군)였던 아버지가 어린 여자를 얻어 낳은 자식이라는 환경은 견뎌내기가 결코 쉽지 않았을 것으로 짐작된다. 더군다

나 아버지는 이런 부인과 아들만 남겨둔 채 곧 세상을 떠나버렸다.

이 같은 가정 환경에서 태어나 자란 공자가 어떻게 공경과 예의, 어짊, 신뢰 같은 보편적 사람됨을 개인과 공동체가 추구해야 하는 중심 가치로 삼아 끈질기게 추구하게 됐을까? 공자는 춘추시대 말기의 어지러운 시대를 살았다. 고국 노나라의 정치적, 사회적 혼란도 심각했다. 이 같은 현실을 마주하면서 공자가 오히려 반시대적 태도라고 할 수 있는 공경과 어짊을 집요하게 추구한 정서적 바탕과 힘은 무엇이었는지는 명확하게 인식하고 판단해야 할 문제이다.

공자의 타고난 기질 등 그 원인은 여러 가지로 추정할 수 있겠지만 나는 어머니의 영향이 가장 깊은 요인이라고 생각한다. 공자의 삶을 평생 지배한 정서적 바탕은 어머니의 깊은 사랑과 교감(交感)에서 형성됐다고 본다.

공자의 어머니는 아버지의 부인도, 첩도 아니었기 때

문인지 그에 대한 기록이 거의 없다. 생몰 연대조차 숫자로 기록된 문헌을 찾기 어렵다. 아버지 공흘(孔紇. 아버지 이름은 대부분의 문헌에 '숙량흘'이라고 표현한다. 숙량은 자이고 이름은 흘이다. 이 책에서는 공흘로 표현한다)이 안씨 집안에 청혼하는 과정을 기록한 《공자가어》〈본성해 편〉을 보면 공흘은 공자가 3세 때 숨졌고, 공자는 19세에 결혼하여 아들 백어를 낳았으며, 백어는 50세에 숨졌다는 내용이 있다. 어머니 안징재(顔徵在)가 언제 숨졌는지에 대한 언급은 없다. 어머니는 공자가 17세 또는 24세 때 숨졌다는 이야기가 있지만 근거를 확인하기 어렵다. 공자의 결혼을 19세로 볼 경우 17세에 어머니가 숨졌다는 말은 무리가 있어 보인다. 공자가 20대 때 어머니가 숨졌을 것으로 추정된다. 어머니가 공흘의 정식 부인이었다면 그에 대한 기록도 구체적으로 남았을 것이다.

어머니의 죽음이 중요한 이유는 공자의 태도 때문이

다. 《예기》〈단궁 상편〉에 기록된 어머니의 장례 이야기는 공자의 삶에서 어머니의 영향이 매우 컸다는 점을 짐작하고 느낄 수 있다. 내용은 다음과 같다.

'공자는 어려서 아버지를 여의었다. 그런데 그 묘지가 어딘지 몰랐다. 어머니가 숨졌을 때 공자는 빈소를 곡부의 큰 거리에 마련하였다. 사람들이 그 모습을 보고 장례식으로 여겼으나 실제로는 빈소(殯所, 시신을 담은 관을 놓아두는 곳)였다. 아버지의 장례에 참여했던 사람들의 이야기를 듣고서야 아버지의 묘소가 어디 있는지 알게 되었다. 비로소 어머니를 아버지와 합장(合葬)했다.' 《사기》〈공자세가〉에도 이 내용이 실려 있는데, 사마천은 공자의 이런 행동을 '신중한 모습이다(愼也).'라고 평가했다.

이 기록을 근거로 추정하면 어머니의 죽음에 대한 공자의 이 같은 행위는 신중하다고 평가하는 차원을 훨씬 넘어선다. 오히려 격렬한 저항감이 느껴진다.

공자가 아버지 묘소가 어디 있는지 몰랐다는 것은 본
가에서 철저히 배제됐다는 상황을 의미한다. 어머니는
그 위치(방산이라는 곳으로, 공자가 살았던 곡부에서 동쪽으로
10킬로미터 가량 떨어진 산)를 알았겠지만 공자에게 말하
지 않았던 것으로 보인다. 《공자가어》〈본성해 편〉에는
안징재가 나이 많은 사람(공흘)의 부인이 되겠다고 아버
지에게 말하면서 "뜻밖에 아이를 낳으면 어쩌나 하는
걱정을 했다."(懼不時有男)는 표현이 있다. 그 걱정의 내
용은 사람들의 비웃음일 것이다. 그래서 남편인 공흘
에 대해 공자에게도 자세히 말하지 않았을 것으로 짐
작된다.

보통의 경우라면 공자도 어머니의 죽음을 숨겼을 수
있다. 정식 결혼이 아닌 사생아로 태어나 아버지도 없
이 자라면서 본가에서 따돌림을 당한 환경에 주눅이
들었을 가능성이 높다. 아버지 묘소가 어디 있는지 몰
랐다는 사실은 이 같은 상황을 분명하게 드러낸다. 공
흘이 숨진 뒤 안징재가 어린 공자를 데리고 한 번도 성

묘를 하지 않았음을 알 수 있다.

　그런데도 공자는 어머니의 죽음을 숨기지 않고 곡부의 가장 큰 거리에 빈소를 차렸다. 아버지와 합장을 해야 하니 아버지의 무덤이 어디 있는지 아는 사람을 찾기 위해서였다. 이는 어머니에 대한 공자의 사랑이 깊지 않으면 나오기 어려운 행동이다. 공자는 어머니가 첩보다도 못한 상태로 아버지의 처가 되어 자신을 낳은 가정 환경을 창피하게 여기지 않았다. 많은 사람이 오가는 광장에 어머니의 빈소를 차린 이유는 아버지와 합장하기 위해서였는데, 합장은 부부 사이에 가능하다. 당시 노나라 현실이 제도적으로는 아버지와 어머니를 정식 부부로 인정하지 않았지만 공자는 자신을 낳은 부모이고 이는 정당한 부부라고 인식했음을 보여준다. 만약 공자가 당시 세태에 그저 따르면서 어머니의 죽음을 숨긴 채 몰래 장례했다면 어땠을까? 그의 삶은 역사의 무대에 등장하지 못했을 것이다.

공자가 어머니와 함께 어떻게 살았는지 알 수 있는 기록은 거의 없다. 《사기》〈공자세가〉에 기록된 다음의 간략한 내용을 통해 짐작해볼 수 있다. 즉 '어린 공자가 아이들과 함께 놀 때는 늘 제사 지내는 그릇을 차려 놓고 예의를 갖추는 모습을 보였다.' 사마천이 어떤 근거로 이 같은 묘사를 했는지는 알 수 없지만 나름대로 상황을 판단하여 이같이 표현했을 것이다.

어린 공자의 이 같은 모습을 사실로 인정할 경우 그 행동은 어머니의 영향이라고 볼 수밖에 없다. 제사를 통한 공경과 예의는 어린 공자에게 깊은 느낌을 줬을 것이다.

어머니는 사려 깊은 사람으로 추정된다.《공자세가》〈본성해 편〉에 따르면 공흘이 안씨 집안에 청혼을 했고, 딸 셋을 둔 안씨 집안의 아버지는 이런 사정을 딸들에게 말했다. 안징재의 언니 두 명은 아버지의 말에 아무런 대답을 하지 않았다. 거절했다는 뜻이다. 공흘이 곡부 지역에서 널리 알려진 대부라고 하더라도 70세

가까운 사람에게 첩보다 못한 자격으로 결혼 아닌 결혼을 한다는 것은 받아들이기가 매우 어려웠을 것이다. 그런데 안징재는 "아버지의 뜻을 따르겠습니다(從父)."라고 했다. 정식 결혼도 아니고 정식 첩도 아닌 너무나 비정상적인 상황에서 공흘의 처가 된다는 것, 그리하여 아이까지 낳는다면 사람들의 손가락질을 받을 수 있는 데도 안징재는 그 길을 선택했다.

어머니는 니구산 자락의 보잘것없는 살림살이 환경에서도 제사를 통한 공경과 예의를 차렸고, 어린 공자는 어머니의 이 같은 차분하고 공손한 모습을 자연스럽게 느끼면서 자랐을 것이다. 어머니는 어려운 형편에서도 환경을 탓하지 않고 공자를 따뜻하게 품었을 것이다. 공자는 이런 어머니의 품속에서 공경과 사랑, 예의 같은 정서를 쌓았을 것이다. 공자는 훗날 자신의 평생을 돌아보며 "나는 15살 무렵에 배움에 뜻을 두게 됐다."(논어 위정 편)라고 말했다. 이 무렵에 공자가 배움에, 그것이 보편적 의미에서 사람됨에 대한 공부이든 주(周)나라의 문화 전통을 계승하려는 공부이든, 뜻을 갖도록 영향을 미친 사람으로 어머니 이외에는 생각하기 어렵다.

어머니는 공자에게 아버지가 어떤 사람이었는지, 어떻게 해서 네가 태어났는지 등을 이야기했을 것이다. 다만 공자가 궁금해하더라도 아버지 묘소가 어디 있는지는 말하지 않았을 것이다. 어머니의 깊은 사랑은 공자가 바르게 성장하는 정서적 바탕이 됐을 것이다. 그렇기 때문에 어머니가 죽었을 때 이를 숨기지 않고 많은 사람에게 당당하게 알리면서 아버지 묘소를 찾았을 것이다.

공자는 훗날 자신의 젊었을 때(20대로 추정할 수 있다)를 돌아보며 "나는 젊은 나이 때 비천할 정도로 형편이 어려웠다. 그래서 이런저런 재주를 익혔다."(논어 자한 편)라고 말했다. 이 말은 공자가 60대 후반, 그러니까 노나라에서 큰 스승으로 존경 받던 때에 한 말로 추정된다. 공자가 이런 말을 있는 그대로 말하고 논어 기록자들은 이를 그대로 기록한 점은 논어 편집이 솔직하고 소박하다는 것을 보여주는 것이기도 하다. 자신의 젊은 시절을 숨기지 않고 정직하게 말하는 공자의 태도는 어머니의 죽음을 숨기지 않은 행위와 서로 통한다. 일상을 부정하지 않고 정직하게 마주하는 일상 공경의 태도가 바탕이다.

"재주가 많았다."라는 부분과 관련해 추측할 수 있는 것은 공자가 결혼 후 20대 초반에 때 노나라의 대부 집안에서 창고와 목장을 관리했던 일이 적절한 사례이다. 구체적인 내용은 《맹자》 〈만장 하편〉에서 찾을 수 있다. 맹자는 "공자께서 한때 창고 관리를 했는데, 말씀하기를 '회계를 정확하게 할 뿐이었다.' 또 목장 관리를 했는데, 말씀하기를 '소와 양이 튼튼히 잘 자라도록 할 뿐이었다.'라고 하셨다."라고 했다. 여기 인용된 공자의 말은 출처를 알 수 없지만 맹자가 나름대로 근거를 가지고 이렇게 말했을 것이다. 창고와 목장 관리는 아주 낮은 직책이지만 그 일에 충실했다는 의미다. 일상 공경의 태도에서 가능하다.

공자의 많은 제자 중에서 안회(顏回)는 으뜸으로 꼽힌다. 논어에는 공자가 안회의 사람됨을 칭찬하는 구절이 10여 곳 기록되어 있다. 제자 중에서 유일한 호학자(好學者, 배움을 좋아하는 사람)로 평가했으며, 안회가 40살 무렵에 숨졌을 때 공자는 "하늘이 나를 망치게 한다."(논어 선진 편)라며 지나칠 정도로 슬퍼했다.

논어에 기록된 것처럼 공자의 눈에 비친 안회의 모습은 어리숙한 듯 고요하고 차분하면서 굳은 마음가짐을 드러낸다. 공자는 안회를 깊은 마음을 보이며 칭찬하는데, 그 이유는 무엇일까? 안회의 모습에서 어머니의 정서를 느낀 것은 아닐까? 공자에게 깊은 애정을 갖고 차분하게 감싸주다 일찍 세상을 떠난 어머니의 그림자가 안회의 고요한 모습에서 느껴진 것은 아닐까? 그런 안회의 성씨도 어머니와 같은 안(顏)씨여서 공자의 마음에 더 와닿았을 수 있다.

퇴계 이황도 공자와 마찬가지로 아버지 얼굴을 모른다. 퇴계의 아버지는 퇴계가 태어나고 6개월 후 40세 나이로 세상을 떠났다. 퇴계가 어머니(춘천 박씨)의 영향을 깊이 받았음은 어머니가 68세로 별세한 뒤 남긴 글(무덤 앞 비석에 새긴 묘갈)에 잘 나타나 있다. 어머니는 퇴계가 34세 때 과거에 합격하고 3년 후 세상을 떠났다. 이때 퇴계는 호조정랑(정5품) 관직에 있었다.

퇴계는 어머니를 추모하며 이렇게 말한다. "언제나 간절히 타일렀는데, '세상 사람들은 과부의 자식들은 배우는 게 없다고들 한다. 너희들은 백 배 노력하지 않으면 이런 비웃음을 피하기 어려울 것이다.' 두 아들이 과거에 급제하여 관직에 진출하였지만 어머니는 기뻐하기보다는 늘 세상의 어지러움을 걱정했다. 글을 배우지 못했지만 평소 아버지의 가정교육과 자식들의 공부에서 깨우쳤다."

여기 퇴계의 글에서 주목할 내용은 과부의 자식이라는 부분과 어머니가 글을 몰랐다는 부분이다. 어머니는 아버지의 계실(두 번째 부인. 첫 번째 부인은 29세에 세상을 떠남)이라는 점, 길쌈을 하며 누에를 치면서 열심히 농사를 지으며 가계를 지켰다는 내용도 있다. 이 같은 내용은 퇴계의 정직하고 소박한 성품이 아니라면 구태여 밝히지 않아도 될 부분이다. 퇴계는 어머니를 마주하면서 느낀 점을 그대로 보여준다. 이는 공자가 홀어머니와 함께 가난하게 생활하면서도 훗날 자신의 20대 시절을 돌아보며 "집안 형편이 어려워 젊은 시절에 온갖 허드렛일을 했다."(논어 자한 편)라고 말하고, 이것이 논어에 정직하게 기록되어 있는 것과 정서적으로 연결된다. 이런 모습도 일상 자체를 소중하게 공경하는 공자와 퇴계의 정직하고 소박하며 개방적인 성품을 보여준다. 이는 유학(유교)의 참모습이다. 퇴계는 12세부터 작은아버지에게서 논어를 공부했다. 부록에 퇴계가 일상을 공경하는 모습을 정리한 이유이기도 하다.

　나는 공자와 퇴계의 어머니를 생각할 때면 적잖이 불

편한 감정을 느낀다. 유학(유교)의 역사를 상징하는 인물인 맹자와 율곡 이이의 어머니에 비해 존재감이 거의 없기 때문이다. 공자의 고향에서 가까운 맹자의 고향에는 맹자의 사당과 함께 어머니의 사당도 세워져 있다. 그곳에는 '母教一人(모교일인)'이라고 새긴 비석이 있다. 널리 알려진 맹모삼천지교라는 말로 상징되는 것처럼 자식을 훌륭하게 교육시킨 어머니로서 최고라는 뜻이다. 율곡의 어머니(신사임당)는 우리나라 오 만원권 지폐의 얼굴이다. 그림과 글씨에 뛰어난 예술가인 데다 율곡의 어머니라는 이유가 작용했을 수 있다. 이에 비해 공자의 어머니와 퇴계의 어머니는 세상에 거의 알려져 있지 않다. 공자는 야합으로 태어났고 퇴계는 계모의 자식인 데다 글도 제대로 배운 적이 없다는 점이 영향을 미쳤기 때문은 아닐까? 그렇다면 이는 유학(유교)이 마땅히 지켜야 할 보편적 가치로서 정직하고 소박한 태도에 어긋난다. 맹모(孟母, 맹자 어머니)와 율모(栗母, 율곡 어머니)와 함께 공모(孔母, 공자 어머니)와 퇴모(退母, 퇴

계 어머니)가 세상 사람들에게 기억됐으면 하는 생각이
든다.

3. 공자의 외모에 관한 기록 검토

 논어 향당 편을 이해하기 위해서는 공자의 키 등 겉 모습(외모)를 살펴볼 필요가 있다. 향당 편에는 공자의 걸음걸이와 음식을 먹는 태도 등 신체 조건을 알면 이 해에 도움이 되는 경우가 많기 때문이다.

 공자의 외모는 어땠을까? 동양 뿐 아니라 세계적인 철인(哲人)으로 평가 받는 인물이어서 자그마한 체구에 좀 소극적이고 내성적인 스타일로 사려 깊은 사색형 모습이 아닐까 하는 다소 막연한 느낌을 가질 수 있다.

 공자의 외모는 이 같은 선입견과는 매우 다르다. 사진 이 없으므로 정확하게 판단하기는 어렵지만 문헌을 근 거로 공자의 외모를 살펴본다. 공자는 키가 크고 체격이 건장한 사람이었다.

공자의 이름은 구(丘)이다. 아버지 공흘과 어머니 안징재가 산동성 곡부 니구산(尼丘山)에서 기도하여 낳았다고 해서 '구'라고 했다는데, 실제로는 공자의 머리 생김새가 평펴짐한 니구산의 언덕 모양을 닮아 머리 꼭대기 정수리 부분이 움푹 파이고 주변으로 두상이 퍼져 있는 모습을 하고 있기 때문에 그렇게 지었다고 한다. (生而首上圩頂, 故因名曰丘云. 사마천《사기》〈공자세가〉). 우정(圩頂)은 머리 위가 오목하게 들어간 정수리라는 뜻이다.

〈공자세가〉에는 공자의 체격에 대해 "공자는 키가 9척 6촌이었다. 그래서 사람들이 그를 키다리라고 부르며 기이하게 여겼다."(孔子長九尺有六寸, 人皆謂之長人而異之)라고 기록되어 있다.

1척을 22센티미터로 잡으면 9척 6촌은 2미터 10센티미터 가량이다. 공자를 떠올릴 때는 그의 이 같은 건장

공자의 일상 공경-논어 향당 편

한 체격을 반드시 생각할 필요가 있다. 사람들이 공자를 키다리로 여겼다는 표현은 과장이 아닐 것이다. 공자의 건장한 체격은 그의 언행을 설명하는 데 뺄 수 없는 중요한 요소다. 《여씨춘추》〈신대람 편〉과 《열자》〈설부 편〉에는 "공자는 힘이 엄청나 국경의 성문을 열 수 있을 정도였지만 힘으로 세상에 알려지지는 않았다."라는 내용이 있다. 큰 성문을 혼자 힘으로 열 수 있었다는 표현은 과장이겠지만 큰 체격에 힘이 장사였다는 점은 추측할 수 있다. 《사기》〈공자세가〉에는 공자가 53세 때 대사구(지금의 법무장관 또는 검찰총장에 해당하는 관직) 자격으로 노나라 임금을 모시고 협곡(제나라와 인접한 지역)에서 제나라 임금과 담판을 지어 뺏겼던 노나라 땅을 되찾는 무용담이 자세하게 기록되어 있다.

평생에 걸쳐 지치지 않은 공자의 엄청난 정열은 이 같은 체격에서 비롯된다고 할 수 있다. 50대 중반에 노나라를 쫓겨나듯 떠나 온갖 고생을 겪은 14년의 기나긴 유랑 생활, 고국 노나라에 돌아와서도 숨질 때까지 왕성하게 교육하고 문헌을 정리한 에너지는 공자의 큰 체격과 체력이 뒷받침 하지 않았다면 불가능했을 것이다.

공자의 이런 체격과 체력은 아버지에게서 물려받은 것으로 보인다. 아버지 공흘은 노나라에서 널리 알려진 무인(장군)이었다. 《춘추좌씨전》의 양공(재위 572-542년 BC) 17년 기록에는 노나라를 침략한 제나라 군대를 맞아 공흘이 군사 작전을 폈다는 기록이 있다.

공자의 부모에 관한 구체적인 기록은 《공자가어》〈본성해〉편에서 찾을 수 있다. 아버지는 첫 번째 부인과 딸 9명을 두었다. 두 번째 부인에게서 아들을 낳았지만 다리가 불편한 장애인이었다. 공자의 자(字) 중니(仲尼)에서 중(仲)은 둘째 아들이라는 뜻이다. 형의 자는 백니(伯尼)였다. 아버지는 곡부 지역의 안씨 집안에 다시 청혼을 했다. 아들을 낳기 위한 뜻으로 보인다. 이때 공흘의 나이는 60대 후반으로 추정하는 것이 일반적 견해이다.

아버지 안씨는 딸들에게 "그 사람은 키가 십 척이며 장군으로서 실력이 대단하다. 나로서는 무척 마음에 든다. 나이가 많지만 성품이 중후하고 반듯하니 그 외는 의심할 게 없다. 너희 세 명 중에서 누가 결혼을 하고 싶으냐."라고 했다. 여기 안씨가 공흘의 신체에 대해 '키가 십척(身長十尺)'이라고 했다. 2미터가 넘는다. 공흘은 부인 3명에게서 공자를 포함해 자식을 11명 두었다. 공자의 큰 체격과 정열은 아버지를 닮았다.

공자의 외모에 관한 다른 기록은 《순자》에서 찾을 수 있다. 순자는 《순자》〈비상〉(非相, 관상을 비판함) 편에서 관상을 통해 사람의 능력을 평가하는 세태를 강하게 비판한다. 사람의 큰 그릇(군자)과 작은 그릇(소인)을 결정하는 기준은 관상 같은 생김새가 아니라 올바른 배움과 마음 쏨씀이라는 것이다.

순자는 공자를 비롯해 공자가 존경한 주나라 주공, 요순임금을 섬긴 신하 고요, 주나라 문왕과 무왕을 섬긴 신하 굉요, 은나라 고종을 섬긴 신하 부열, 은나라 탕왕을 섬긴 신하 이윤처럼 군자 중의 군자라고 할 수 있는 이들의 생김새는 매우 볼품없었다며 그들의 생김새를 소개한다.

순자는 공자의 얼굴 생김새에 대해 "악귀를 쫓아낼 때 얼굴에 덮어 쓰는 무섭게 생긴 탈 같다."(仲尼之狀, 面如蒙倛)라고 표현했다. 기(倛)는 눈이 여러 개 달린 가면이다. 순자가 어떤 근거에서 공자의 얼굴을 이처럼 묘사했는지는 밝히지 않아 알 수 없다. 순자가 나름대로 자료 등을 살펴 이 같은 말을 했을 것이라는 추측을 해볼 수 있을 뿐이다.

순자의 이 같은 설명은 사마천의 말에 비해 지나친 면이 있다. 공자의 머리 모양이 니구산 언덕을 닮아 좀 움푹 들어갔다는 사마천의 표현과 귀신 탈을 덮어쓴 것(蒙) 같다는 순자의 표현은 받아들이는 느낌이 아주 다르다. 두 사람은 공자를 직접 본 것도 아니고 사진도 없었지만 나름대로 어떤 근거를 가지고 이같이 표현했을 것이다.

순자가 공자의 얼굴을 귀신 탈바가지에 비유한 이유는 관상이 중요하지 않다는 점을 강조하기 위해서였지만 유학자들의 입장에서 보면 그다지 유쾌한 일은 아니다. 맹자는 공자의 외모에 대해서는 전혀 언급하지 않는다. 대신 "이 세상에 사람이 생긴 이후에 공자 같은 분은 없다!"(自由生民以來, 未有孔子也. 《맹자》〈공손추 상편〉)라고 했다. 순자는 맹자와 함께 공자 유학을 정통으로 계승한 대학자이지만 맹자에 비해 덜 중시된다. 심지어 유학(유교)이 이단이라고 평가하는 경우도 적지 않다.

맹자는 사람의 성품이 본디 선량하다는 성선(性善)을 주장한 데 반해 순자는 본디 나쁘다는 성악(性惡)을 주장한다는 학설 차이도 있지만 공자의 외모에 대한 순자의 이 같은 묘사가 후대 유학자들에게 불쾌감과 거부감을 준 측면도 작용한 것은 아닐까 생각해볼 수 있다. 한유는《원도》에서 유학(유교)이 어떻게 계승됐는지를 설명하면서 공자가 이전부터 전해오는 유학의 도(道, 바른길)를 맹자에게 전했고 맹자가 죽은 뒤에는 계승이 끊어졌다고 주장한다. 한유의 이 평가는 이른바'유학(유교)의 도통설(道統說)'로 유학에서 누가 정통인지 기준을 제시하는 중요한 발언이 된다.

한유는 순자를 언급하면서"순자는 유학(유교)에 어느 정도 분별이 있지만 내용이 세밀하지 못하다."면서 계승자 족보에서 제외해버린다. 한유의 글에 보이는 이 같은 분위기는 맹자를 공자의 정통 계승자로 옹호하고 순자는 어딘가 마음에 들어하지 않는 듯한 느낌을 준다. 왜 그런지에 대한 설명이 없어 알기 어렵지만 공자의 외모에 대한 이야기에 불쾌한 감정을 느꼈을 수도 있다. 또 유가(儒家)에서 높이 평가하지 않는 법가(法家)를 상징하는 한비자가 순자의 제자로 여겨지는 점도 순자에 대한 부정적 인식을 굳어지게 한 이유라고 할 수 있을 것이다.

여기 한유의 말에서"공자가 유학의 도를 맹가(맹자)에

게 전했다."(孔子傳之孟軻.)라는 표현은 정확하지 않다. 공자는 유학이나 유교와 같은 어떤 학파가 형성되기 이전 사람이다. 공자가 유학을 맹자에게 전했다는 주장은 한유 같은 후대 학자들이 억지로 갖다 붙인 견강부회일 뿐이다. 한유의 도통설은 '공자 다음에는 맹자'라는 인식이 정통처럼 느껴지도록 만들었다.

성악설이나 공자의 외모에 대한 부정적 서술 같은 점을 제외하면 《순자》라는 문헌은 《맹자》와 비교할 때 결코 수준이 떨어지지 않는다. 나는 순자가 오히려 맹자보다 유학(유교)의 모습을 더 깊고 체계적으로 보여준다고 생각한다. 순자의 인성론을 흔히 성악설(性惡說)이라고 표현하지만 여기서 '惡'은 '오'로 읽고 이해하는 게 바르다. 사람의 본성은 타고날 때부터 본디 악하다는 게 아니라 사람의 성품에는 미워하는 감정 같은 부정적 측면이 있고, 이는 배움과 교육을 통해 바르게 할 수 있다는 의미다. 사람의 성품이 타고날 때부터 악하다면 이를 개선할 가능성도 없고 교육도 필요하지 않다.

그래서 《순자》는 배움을 권장한다는 〈권학(勸學)〉편으로 시작하면서 첫 부분에 청출어람(靑出於藍, 제자가 스승보다 나아진다는 학문의 진취성을 의미하는 말)을 말한다. 순자의 권학은 공자와 논어에 한결같이 흐르는 핵심 가치로서 호학(好學, 개방적인 태도로 배움을 좋아함)과 연결된다.

공자의 고향인 중국 산동성 곡부(취푸)에 있는 공자연구원에 걸려 있는 공자의 모습이다. 50대의 실제 모습이 어떠했는지는 알 수 없지만 향당 편의 내용과 어울리는 초상화로서 의미가 있다. 체구가 큰 건장한 모습이 느껴진다. 당나라의 유명한 화가인 오도자(오도현)의 그림으로 소개돼 있으며 공자가 노나라 사구 때 모습이라는 설명이 붙어 있다.

저자 촬영

2부

1. 《논어 향당 편》의 공자 일상

마을에서 생활할 때는 공손하고 정성스러웠다. 말을 잘하지 못하는 사람처럼 보였다.

향당 편의 이 첫 구절은 향당 전체 내용에 나타난 공자의 태도를 압축하고 있다. 한마디로 '언행의 공경스러움'이다. 일상의 모든 일에 공경스러워야 일상을 소중하게 긍정할 수 있다. 일상생활이 자기의 뜻대로 되지 않고 불완전하고 짜증나더라도 긍정과 즐거움의 정서를 가질 수 있으려면 공경(恭敬)이 디딤돌처럼 단단하게 자신을 지탱해줘야 한다. 공경스러운 태도를 실천하는 일차적 공간은 부모 형제, 친척, 손윗사람, 손아랫사람이 어울려 사는 지역 공동체인 향당이다. 첫 구절을 향당이라는 말로 시작한 이유이다.

향당(鄕黨)은 1만 2,500가구이므로 상당히 큰 규모다. 《주례》에 따르면 5가구는 비(比), 5비는 여(閭), 4여는 족(族), 5족은 당(黨), 5당은 주(州), 5주는 향(鄕)이다. 가구 수를 기준으로 하면 향당은 매우 넓은 편이지만 실제 생활 공간으로는 일상의 의식주가 이루어지는 큰 마을 정도라고 할 수 있다. 영어로 향당은 마을(village) 또는 지역공동체(local community)로 옮긴다.

향당에서 공자가 보여준 공경스러운 태도는 향당 전체를 넘어 《논어》, 나아가 유학(유교)의 본질이고 핵심 가치이며 실천 덕목이다. 공자의 삶과 사상을 관통하는 핵심인 어짊(仁)과 예의(禮)는 공경스러운 태도가 없이는 성립하기 어렵다. 공경은 공손, 삼감, 조심, 절제, 겸손, 예의 바름이 말과 행동에서 어긋나지 않는 태도이다.

개인이나 공동체에서 구성원들이 말과 행동에서 갖추고 실천해야 할 반듯함과 가지런함이라고 할 수 있다.

유학(유교) 윤리의 핵심을 담은 문헌인 《예기》(禮記)의 정신도 '공경스러운 태도'로 요약할 수 있다. 공자 시대부터 전해 온 예기 첫 편인 〈곡례〉(曲禮, 예의에 관한 자세한 설명)의 첫 구절은 다음과 같이 시작한다. "공경하지 않음이 없다. 사려 깊은 자세로 삼가며 말을 안정되게 하면 사람들이 편안하다." 여기서 특히 "공경하지 않음이 없다."(무불경, 無不敬)는 예의의 핵심을 명확하게 나타내는 말이다.

공자는 노나라 임금 애공에게 이렇게 말한다. "군자(인격 높은 사람)는 공경하지 않는 일이 없습니다. 공경한다는 것은 자신을 공경스럽게 하는 언행을 가장 중요하게 여깁니다."(《공자가어》〈대혼해〉). '무불경'을 임금에게도 강조한다. 이는 나라를 다스리는 정치에서도 공경이 바탕이어야 한다는 맥락이라고 할 수 있다.

공경스러운 태도는 자신이 태어나고 생활하는 마을

(지역공동체)에서 실천해야 한다는 것이 향당 편 첫 구절의 편집 의미로 보인다. 향당에서 공경을 실천하면 관직으로 일하는 곳 등 향당을 벗어난 공간에서도 자연스럽게 그와 같은 태도가 연결될 것이기 때문이다.

"말을 잘하지 못하는 사람처럼 보였다."는 표현은 말을 하는 데 매우 신중하다는 의미다. 말은 행동이므로 공경스러운 태도가 구체적으로 드러나는 모습이다. 논어에는 말을 뜻하는 '언'(言)이라는 글자가 가장 많이 (126회) 언급된다. 말이 삶을 좌우할 정도로 중요하기 때문이다.

논어에 기록된 공자의 말 가운데 말의 중요성을 언급한 주요 구절은 다음과 같다. 공자가 한 말이라고 해서 저절로 가치가 생기는 게 아니라 삶에서 매우 중요하기 때문에 공자가 특별히 강조했다고 이해하는 것이 적절하다.

"교묘하게 말하고 표정을 꾸미는 사람 중에 어진 경

우는 드물다."(학이 편)

"인격 높은 사람(:군자)은 말하고 싶은 내용을 먼저 실천한다."(위정 편)

"옛날부터 사람들이 말을 함부로 하지 않은 이유는 실천하지 못하면 부끄럽기 때문이다."(이인 편)

"인격 높은 사람(:군자)은 말을 더듬거리듯 신중하지만 실천은 빠르고 부지런하다."(이인 편)

"어짊은 말을 신중하게 하는 것이다. 실천하기 쉽지 않으니 신중하지 않을 수 없다."(안연 편)

"함부로 말을 하고 부끄러워할 줄 모르면 실천도 어렵다."(헌문 편)

"인격 높은 사람(:군자)은 말이 실천보다 넘치는 행동을 부끄러워한다."(헌문 편)

"말을 알아야 사람을 알 수 있다."(요왈 편)

말이 중요하다는 것은 공자가 강조하지 않더라도 보통 사람의 삶에서 거의 누구나 겪는다. 공자가 실제 자신의 일상에서 이를 실천하지 못한다면 논어에 기록된 그의 말이 가치를 가질 수 없다. 자기의 일상생활과 다르면서 말의 중요성을 강조한다면 그 자체가 교묘한 말장난인 교언영색에 지나지 않는다. 유학(유교)의 본질과 진면목은 이 같은 일상의 정직한 모습에서 찾아야 마땅하다.

《논어집주》는 "말을 잘 못하는 사람 같았다."를 "자신을 겸손하게 낮추어 사람들을 따르며 자신이 뛰어난 사람이라는 것을 내세우지 않은 것이다."라고 풀이했다. 겸손해서 말을 잘 하지 않았다기보다는 말에 매우 신중했다는 의미를 살려야 적절할 것이다. 말을 무조건 적게 하거나 제대로 하지 않는 것이 중요한 것은 아니다. 무책임하게 빈말을 함부로 해서는 안 되지만 상황에 필요한 말은 분명하게 해야 하기 때문이다.

원문의 순(恂)은 '정성스럽다', '마음이 참되다', '믿음직하다'의 뜻으로 공경과 정성을 나타낸다. 순순(恂恂)으로 겹쳐 표현하여 그 뜻을 강조한다. 향당 편 전체에 여

(如)와 사(似)가 많이 쓰인다. '모양이나 모습이 어떠어떠하다', '~와 같다'의 뜻이다. 영어로는 'looked', 'seemed', 'as if'로 옮긴다. 제3자가 공자의 일상 모습을 관찰한 표현으로서 중요하다.

(孔子於鄉黨, 恂恂如也, 似不能言者.)

[2]

나라의 사당이나 조정에서 업무를 볼 때는 분명하게 말을 하되 사려 깊은 모습이었다.

향당이 아닌 공적인 공간에서 공자는 말을 분명하고 정확하게 한다. 공적인 업무를 보면서도 말을 제대로 하지 못하는 것은 겸손이 아니라 무능이기 때문이다.

공자는 51세부터 55세까지 관직에 있었다. 대부의 신분으로 재상 업무까지 함께 담당한 시기도 있었다. 노나라 임금(정공)을 모시고 제나라와 외교적 담판을 하기도 했으므로 공직자로서 공자의 위치는 상당히 높았

다. 이 구절은 공자가 관직에 나가 임금을 모시던 때의
상황이다. 나라의 사당, 즉 종묘는 건국의 조상을 모신
곳이고, 조정은 임금과 신하들이 모여 정치를 논의하는
공간이다. 여기서는 업무에 필요한 말을 정확하게 하는
것이 반드시 필요하다. 이런 경우에도 삼가고 공경하는
태도가 스며 있어야 한다. 이 구절은 공자의 그런 모습
을 기록했다.

원문의 편(便)은 말을 분별있게 잘하는 모습이다. 근
(謹)은 삼가 조심하는 모습이다.

(其在宗廟朝廷, 便便言, 唯謹爾.)

[3]

• 자기보다 직책이 낮은 사람에게는 업무에 대해
구체적으로 말을 했다. 자기보다 직책이 높은 사
람에게는 차분한 태도로 의논했다.

아침 일찍 조정에 출근하여 임금이 나오기를 기다리

면서 대화하는 모습이다. 공자보다 직위가 높은 신하 (상대부)와 나누는 말과 낮은 신하(하대부)와 나누는 말의 태도에 차이가 있다. 업무의 성격이 달랐기 때문일 것이다. 자기보다 낮은 직위는 업무 범위가 구체적으로 정해져 있을 것이므로 이에 대해 분명하게 이야기를 했을 것이다. 직위가 높은 신하의 업무는 포괄적이고 정무적인 사안이 많을 것이므로 그에 맞는 이야기를 나누는 모습이다.

원문의 간(侃)은 강직하면서도 편안한 모습이다. 은(誾)은 부드럽게 이야기하는 모습이다.

(朝與下大夫言, 侃侃如也, 與上大夫言, 誾誾如也.)

[4]

임금께서 조정에 나오면 매우 공경하는 자세로 임무를 수행하는 모습을 보였다.

임금이 조정에 나와 신하들과 정사를 논의하는 모습이다. 공자는 가장 높은 수준의 공경스러운 태도를 보인다. 임금을 대하는 공자의 자세가 다른 사람이 봤을 때는 지나칠 정도로 느껴졌을 수 있다. 논어에 언급된 다음과 같은 공자의 말을 보면 그렇다. "임금을 모실 때 예의를 다하는 모습을 두고 사람들은 내가 임금에게 잘 보이려고 아부하는 것으로 여기는구나."(팔일 편) 당시 노나라 임금은 지위가 불안정하여 대부 권력자들의 위협을 받는 상황이었다. 이런 사정을 보면 공자가 임금에게 지나칠 정도로 공경하는 예의를 갖추는 모습은 아부나 아첨으로 비칠 수 있을 것이다.

노나라 임금(정공)은 공자에게 "임금과 신하의 관계는 어떠해야 하는가"를 묻는다. 공자의 대답은 원칙을 중시한다. "임금은 신하를 예의로써 지휘하고 신하는 임금을 정성을 다해 모셔야 합니다."(팔일 편)라고 대답한다. 공자는 당시 비정상적인 임금과 신하의 관계를 바로 잡기 위해 노력했으나 실패했다. 그래서 55세에 고국을 떠나 14년 동안 여러 나라를 찾아다니는 긴 유랑의 세월을 보내게 된다.

임금에 대한 공자의 행동이 음미할 가치가 있는 것은 군신(君臣) 관계의 원칙에 충실한 그의 태도 때문일 것이다. 당시 임금이 대부 권력자 신하들에 휘둘려 위태로운 상황에서 공자가 이 같은 원칙에 따라 힘 없는 임금에게 정성을 다하기는 결코 쉬운 일이 아니었을 것이다.

원문의 축(踧)과 적(踖)은 삼가고 신중하게 공손한 모습이다. 여(與)는 화합하여 돕는 모습이다.

(君在, 踧踖如也, 與與如也.)

[5]

임금이 손님을 접대하라고 지시하면 밝은 표정으로 민첩하게 움직였다.

여기서 손님은 이웃 나라에서 온 외교 사절단일 것이다. 임금이 이들을 잘 접대할 것을 공자에게 지시한 상

황이다. 외교 사절을 맞이하는 일은 국익에 매우 중요
한 일이다. 접대의 책임자로서 공자는 밝은 표정으로
신속하게 움직이는 모습을 보이는 것이 예의에 마땅하
다. 사절 입장에서 볼 때 접대 책임자인 공자의 표정이
어둡거나 무뚝뚝하고 그냥 사무적 분위기라면 불편하
고 불쾌한 느낌을 가질 수도 있을 것이다. 공자가 이 같
은 표정과 걸음을 하는 이유는 임금의 지시를 공경스
러운 자세로 수행하기 때문이다.

원문의 발(勃)은 왕성한 모습이다. 곽(躩)은 바삐 가는
모습이다.

(君召使擯, 色勃如也, 足躩如也.)

[6]

손님들에게는 두 손을 모으고 허리를 굽혀 공손
한 태도를 보였다. 관복이 흐트러지지 않았다.

외교 사절은 임금을 방문하는 손님이므로 접대하는 쪽은 공경하는 자세가 빈틈없어야 한다. 읍(揖)은 상대방에게 공손하게 인사를 하는 예의이다. 두 손을 맞잡고 얼굴 앞으로 들어 올리고 허리를 공손히 굽혔다가 펴면서 손을 내린다. 관복이 흐트러지지 않도록 세심하게 주의하는 것도 읍의 과정이다.

원문의 첨(襜)은 행주치마인데, 여기서는 가지런한 모양이다.

(揖所與立, 左右手, 衣前後 襜如也.)

[7]

빨리 움직일 때도 옷이 날갯짓처럼 가지런했다.

외교 사절단을 접대하는 행사는 다양하여 바쁘게 움직여야 할 상황이 많을 것이다. 책임자인 공자의 움직임이 둔하거나 느긋하게 보이면 사절단으로서는 성의 없

는 것처럼 느껴질 수 있다. 바쁘게 움직이면서 관복이
흐트러지면 이 또한 경솔하게 보일 수 있다.

원문의 추(趨)는 종종걸음으로 빨리 가는 모습이다.
추주(趨走)는 손윗사람 앞을 지날 때는 허리를 조금 굽
히고 빨리는 걷는다는 뜻이다. 익(翼)은 날개의 뜻에
서, 새가 날개를 펴는 것처럼 가지런하게 아름다운 모
습이다.

(趨進, 翼如也.)

[8]

손님들이 물러가면 "아쉬워하는 표정 없이 돌아
갔습니다."하고 임금에게 정확히 보고했다.

외교 사절단이 방문을 마치고 돌아가는 상황이다. 사
절단이 떠나면서 뒤를 돌아보면 뭔가 아쉽고 만족하지
못한 부분이 있기 때문에 공자가 이렇게 말하는 것으

로 보인다. 지금 상식으로 생각해보면 떠나는 손님이 자신을 대접해준 쪽을 향해 돌아보면서 인사를 하는 게 예의에 맞을 듯한데 여기서는 다르다. 불고(不顧)는 대개 "돌아보지 않다. (그래서 잘 갔다)."로 풀이한다. 영역도 'the guest does not look back.'로 한다.

공자를 비롯해 접대한 신하들이 배웅을 하고 외교 사절단은 자국으로 떠나는 모습에서 뒤를 돌아보지 않았다는 뜻이다. 정확한 상황을 알 수 없지만 그와 같은 모습은 아닌 것 같다. 배웅하는 쪽이나 떠나는 쪽이나 서로 마지막 인사를 나눌 수 있다. 배웅하는 쪽에서 가령 "잘 가시오!"하고 외치면 사절단도 이쪽으로 돌아보며 인사를 하는 게 예의일 것이다.

사절단이 이미 자기 나라를 향해 떠난 뒤 노나라 쪽을 보고 고개를 돌리든 돌리지 않든 그 행동은 중요하지 않을 것이다.

이 구절의 상황은 공자 등 접대하는 사람들과 마지막으로 얼굴을 보면서 이야기를 나누는 모습으로 생각하는 것이 적절하지 않을까 싶다. 불고(不顧)는 고개를 두

리번거리지 않았다 정도의 뜻으로 볼 수 있다. 공자가
사절단에게 마지막 인사로 "머무는 동안 불편하지 않
았습니까?" 하면서 배웅할 준비를 하다가 말을 할 때
사절단이 고개를 돌리기도 하면서 집중하지 않는다면
속으로 못마땅한 점이 있다는 의미다. 사절단이 그렇게
하지 않았다는 맥락이 이 구절의 의미로 적절할 것이
다. 사절단의 반응이 어떠했는지 임금이 걱정할 것이므
로 공자가 이렇게 명확하게 보고하는 모습이다.

원문의 복명(復命)은 지시 받은 일을 처리한 뒤 결과
를 보고하는 행동이다.

(賓退, 必復命曰, 賓不顧矣.)

[9]

궁궐 문으로 들어갈 때는 공경하는 자세로 몸을
굽혔다. 들어가기가 어려운 듯한 모습이었다.

궁궐의 문은 임금이 드나드는 문이므로 공경의 예의를 갖추는 것이다. 궁궐문의 높이는 보통 성인의 키보다 서너 배 높을 것이다. 넓이도 여러 사람이 한꺼번에 쉽게 드나들 수 있는 정도일 것이다. 그런데도 공자는 마치 임금을 따라 들어가는 듯, 좁은 문을 겨우 드나들듯 조심하는 모습이다. 공경하는 태도이다.

원문의 국궁(鞠躬)은 공경하는 마음으로 몸을 굽히는 모습이다. 용(容)은 '받아들이다', '쉽다'의 뜻이다.

(入公門, 鞠躬如也, 如不容.)

[10]

궁궐 출입문의 가운데를 막고 서 있지 않았다. 드나들 때 문지방을 밟지 않았다.

문 가운데에 잠시라도 머물면 이는 임금의 출입을 방해하는 것처럼 보일 수 있다. 공자는 임금이 언제든지

문 가운데로 출입할 수 있기 때문에, 임금이 문에 있든 없든 자신의 공경스러운 태도를 유지하는 것이다. 문지방을 밟지 않음은 누구나 집에서도 마찬가지다. 《예기》 〈곡례 상편〉에 "대부와 그 아래 관직에 있는 사람이 궁궐 문을 드나들 때는 오른쪽을 이용하고 문지방을 밟지 않는다."라고 했다. 이런 예법에서 공자의 행동도 나왔을 것이다.

원문의 역(閾)은 문지방이다. 문지방은 출입문의 경계 역할을 하므로, 안팎을 구별 짓는다는 의미가 나온다.

(立不中門, 行不履閾.)

[11]

임금이 앉는 자리를 지날 때는 표정이 밝고 움직임은 빨랐다. 말은 부족한 것처럼 보였다.

임금이 자리에 있든 없든 한결같은 공경의 자세를 유지하는 모습이다. 임금이 있다고 조심하고 없다고 소홀하면 공경이라고 할 수 없다. 얼굴 표정은 밝고 기운차게 하며 걸음걸이도 좀 빠르게 했다. 곽(躩)은 빠르게 걷는 모양이다. 느릿느릿 걸으면 임금의 시야를 잠시라도 가릴 수 있다는 점을 생각하는 행동일 것이다. 말이 부족한 것처럼 보였다는 것은 임금에게 하고 싶은 말이나 해야 하는 말을 모두 하기보다는 절제있게 말하는 모습으로 보인다.

원문의 색발족곽(色勃足躩)은 앞(5절)에 같은 표현이 있다.

(過位, 色勃如也, 足躩如也, 其言, 似不足者.)

[12]

옷자락을 가지런히 잡고 계단으로 대청 마루에 오를 때는 공손하게 몸을 굽혔다. 차분한 모습이 숨을 그친 듯하였다.

임금이 있는 자리에서 정사를 논의하기 위해 대청 마루에 오르는 상황이다. 관복은 발을 덮을 정도로 길다. 그래서 두 손으로 옷자락을 조금 당겨야 옷의 끝부분이 땅에 닿지 않아 계단을 잘 오를 수 있다. 이 같은 동작을 하면 허리는 거의 저절로 조금 앞으로 굽혀진다. 그 모습이 숨을 쉬지 않는 것 같았다는 묘사는 다소 지나치지만 그만큼 조심스럽고 공경하는 태도를 잃지 않았다는 뜻일 것이다.

원문의 제(齊)는 향당 편 전체에서 중요한 말이다. 이 구절에서는 옷자락의 뜻이고 발음은 '자'이다. 齊의 기본 뜻은 '가지런하게 바르다', '엄숙하여 삼가다', '조화롭게 맛을 맞추다'이다. 향당 편에는 재계(齋戒, 마음과 몸을 깨끗이 하고 부정한 일을 멀리함)의 뜻으로 많이 쓰인다. 齊戒(제계 또는 재계)는 재계(齋戒)와 같다. 장례에 입는 상복(喪服)의 뜻으로는 '재최' 또는 '자최(齊衰, 齋衰)'이다. 병(屛)은 '숨다', '감추다', '두려워하다', '숨을 죽이다'의 뜻이다. 병기(屛氣)는 숨을 죽이고 가슴을 졸이는 모습이다.

(攝齊昇堂, 鞠躬如也, 屏氣, 似不息者.)

[13]

대청 마루에서 나와 계단을 내려올 때는 얼굴에
긴장이 풀려 편안한 모습이었다. 계단을 내려오면
가지런한 동작으로 민첩하게 움직였다. 조정의 자
기 자리로 돌아오면 삼가 공손한 모습을 갖추었다.

회의를 마치고 대청 마루에서 계단을 다시 내려오는
상황이다. 긴장이 풀리지만 흐트러지지 않는 모습을 보
인다. 계단을 다 내려오면 머뭇거리지 않고 빠른 걸음
으로 이동한다. 이때도 관복이 흐트러지거나 하지 않
았다. 회의 공간에서 나와 본디 자리로 돌아오면 삼가
공손하는 모습을 그대로 유지하는 모습이다.
  원문의 영(逞)은 근심이 풀어져 만족을 느끼는 모습
이다. 이(怡)는 기뻐서 온화해지는 모습이다.

(出降一等, 逞顏色, 怡怡如也, 沒階, 趨進翼如也, 復其位, 踧
踖如也.)

[14]

다른 나라 임금 앞에서 홀을 들고 있을 때는 공손
하게 몸을 굽혔다. 자신의 직책을 감당하지 못하
는 듯 겸손한 모습이었다.

공자가 임금의 지시로 다른 나라에 가 임금을 뵐 때
규(圭, 홀)를 들고 예의를 차리는 상황이다. 규 또는 홀
(笏)은 관리가 공식 행사 때 손에 쥐고 예의를 갖추는
상징물로 매우 중시되었다. 조선시대 역사 드라마에서
도 신하들이 네모 모양의 규를 두 손에 쥐고 임금 앞에
서는 모습을 흔히 볼 수 있다. 지금은 쓰는 물건이 아니
어서 우리말로 설명하기 어렵다.
　《예기》〈옥조 편〉에 홀에 관한 내용이 기록되어 있다.

홀은 신분(천자, 제후, 대부, 하급 관리)에 따라 재질이 옥, 상아, 대나무 등으로 구분된다. 임금 앞에서 지시를 받을 때는 반드시 홀을 쥐어야 한다. 지시하는 내용을 메모하는 역할도 했다. 크기는 용도에 따라 다르지만 평균적으로 길이 60센티미터, 폭 6센티미터 정도이다.

홀은 관리로 임명될 때 나라에서 받는 물건이므로 상징성이 컸다. 외교 행사 때도 특별히 만든 홀을 가지고 방문하는 나라의 공식 행사에 참여했다. 상대방에 대한 공경과 예의를 보여주는 상징물이다. 이런 홀을 손에 쥐고 서 있는 공자의 모습이 매우 공손했다는 점을 강조하고 있다.

《주례》에 따르면 홀을 만드는 직책인 옥인(玉人)이 있었다. 홀의 재질과 크기, 용도가 자세히 기록되어 있는데 홀의 역할이 그만큼 중요했기 때문일 것이다.

원문의 승(勝)은 '참고 견디어 내다'의 뜻이다.

(執圭, 鞠躬如也, 如不勝.)

[15]

홀을 들어 올릴 때는 눈높이까지, 내릴 때는 허리 높이까지 정확하게 위치를 지켰다. 반듯하고 진지한 표정을 지었으며, 발걸음은 부드러우면서 바른 모습이었다.

다른 나라 임금 앞에서 홀을 들었다가 내리는 모습을 묘사했다. 이런 예의는 외교 사절이라면 누구나 하는 것으로 공자만의 특별한 행위는 아니다. 진지한 표정과 부드럽고 빠른 발걸음으로 이런 행동의 공손함을 강조하고 있다. 족축축(足蹜蹜)은 발을 바닥에서 거의 떼지 않고 부드럽게 걷는 모양이다. 조심하고 공경하는 걸음걸이다. 《예기》〈곡례 하편〉에는 이런 걸음을 '거륜예종'(車輪曳踵, 수레바퀴가 굴러가는 것처럼 발뒤꿈치를 이어 붙이면서 걷는 것)이라고 표현했다.

원문의 전(戰)은 두려워할 정도로 조심하는 모습이다. 전색(戰色)은 그런 얼굴 표정을 짓는 모습이다. 전

(戰)은 전전긍긍(戰戰兢兢)의 뜻이다. 전전긍긍은 '어쩔 줄 모르고 우왕좌왕하는 상태'의 뜻으로 많이 쓰지만 이는 정확하지 않다. 전전긍긍(전긍)은 매우 삼가고 공경하는 모습이다.

(上如揖, 下如授, 勃如戰色, 足蹜蹜如有循.)

[16]

공식 행사 후 열리는 잔치에서는 부드러운 표정을 지었다. 잔치에서 개인적으로 사람을 만날 때는 즐거워하였다.

다른 나라 임금을 뵙는 공식 행사를 마친 뒤 연회에 참석한 모습이다. 외교 사절로서 행동은 모두 공식적이어야 하지만 임금을 뵐 때와 연회 때는 내용과 분위기에 다소 차이가 있다. 공자가 연회 때는 밝고 부드럽고 즐겁게 사람들을 만나는 상황을 묘사했다. 연회 때도 임금을 보는 것처럼 너무 공경스러우면 이도 지나친 행동이고, 연회 때 술과 음식을 너무 편하게 즐기는 것도 지나칠 것이다. 공자의 행동은 그 사이에서 적절한 균형을 취하는 것으로 보인다.

원문의 적(覿)은 '만나다'의 뜻이다. 유(愉)는 부드러운 표정으로 즐거워하는 모습이다.

(享禮, 有容色. 私覿, 愉愉如也.)

[17]

질은 청색이나 검붉은색으로 옷의 테두리를 꾸미지 않았다. 붉은색 계통의 평상복은 입지 않았다.

이 구절부터 공자의 옷 입는 스타일을 관찰하고 있다. 공자만의 방식이라기보다는 당시 일반적인 방식일 것이다. 옷의 색깔을 많이 언급하는데, 색깔로는 옷의 겉모양을 정확하게 이해하기 어려운 면이 있다. 옷을 아무렇게나 입지 않고 상황에 따라 적절히 입는 점이 의미 있다고 할 것이다.

청색이나 검붉은 색으로 옷을 장식하지 않는 이유에 대해 《논어집주》는 제사 등 의식 때 입는 재복(齊服, 齋服)이나 삼년상에 입는 옷에 쓰기 때문이라고 한다. 붉은색 계통으로는 평상복을 만들지 않는다는 이유에 대해서는 여자들의 옷에 주로 쓰는 색깔이라는 것이 설명한다. 임금(제후)의 옷에 주로 쓰는 색깔이기 때문에 삼갔을 수도 있다.

원문의 군자(君子)는 공자를 가리킨다. 설복(褻服)은 평소 입는 옷이다.

(君子, 不以紺緅飾, 紅紫, 不以爲褻服.)

[18]

날씨가 더울 때는 갈포로 지은 가벼운 옷차림을 하였다.

갈포는 칡으로 짠 베이다. 삼베와 거의 같다. 더운 날씨에 이 같은 옷을 입는 것은 시원하도록 하는 데 도움이 되기 때문이다. 날이 덥다고 웃옷을 벗거나 반바지 차림을 하는 등 몸을 함부로 드러내지 않는 데 뜻이 있다고 할 것이다. 《예기》〈곡례 상편〉에서 일상의 행동을 말하는 내용 중에 "피곤하더라도 웃옷의 소매를 걷어 어깨를 드러내지 않는다. 덥더라도 바지를 걷어올리지 않는다."라고 했다. 몸을 함부로 드러내지 말아야 한다는 뜻인데, 공자의 이 같은 옷차림과 연결해서 이해할 수 있다.

원문의 진(袗)은 한 겹으로 지은 옷이다. 표(表)는 '옷을 입는다'의 뜻이다.

(當暑, 袗絺綌, 必表而出之.)

[19]

검정색 계통의 옷을 입을 때는 검은 양가죽 옷을

받쳐 입었다. 무늬 없는 흰색 계통의 옷을 입을 때
는 밝은 사슴 가죽옷을 받쳐 입었다. 황색 계통의
옷을 입을 때는 누런 여우 가족옷을 받쳐 입었다.

'받쳐 입다'는 옷의 색깔이나 모양이 조화를 이루도록
한다는 뜻이다. 이 구절은 공자가 옷을 아무렇게나 입
지 않았음을 보여준다. 구(裘)는 갖옷으로, 짐승의 털가
죽으로 안을 댄 옷이다. '갖'은 가죽의 옛말이다. 갖신은
가죽신이다. 위아래 옷을 단색 계통으로 입으면서 약간
변화를 주어 조화롭게 보이도록 하는 스타일이다.

(緇衣, 羔裘, 素衣, 麑裘, 黃衣, 狐裘.)

[20]

집에서 입는 가죽옷은 길게 하였다. 오른쪽 소매
길이는 짧게 했다.

집에서 입는 평상복의 길이는 키보다 길게 하면서도 오른쪽 소매는 좀 짧게 한 모양을 나타낸다. 전체 길이를 키보다 길게 한 이유는 분명하지 않다. 《논어집주》는 몸을 따뜻하게 하기 위해서(溫)라고 했는데, 단순한 추측으로 보인다. 옷 길이를 키보다 길게 하는 것은 몸이 쉽게 드러나지 않도록 하기 위해서가 아닐까 싶다. 오른쪽 소매를 짧게 한 이유는 집주에서 설명한 것처럼 일을 하는 데 편리하도록 하기 위해서라고 볼 수 있다. 이를 보면 공자는 오른손잡이였을 것이다. 단후지복(短後之服)이란 말이 있다. 뒷자락을 짧게 하여 일하기에 편하게 만든 옷인데, 칼을 쓰는 무사(武士)가 주로 입었다.

원문의 메(袂)는 소매이다.

(褻裘長, 短右袂.)

잠잘 때 입는 옷은 따로 있었다. 크기는 몸보다 넉
넉하였다.

잠을 잘 때 입는 옷이 따로 있다는 것은 당연할 것이
다. 장일신유반(長一身有半)은 대개 '잠옷의 길이는 키의
한 배 반이었다.'로 풀이한다. 그 이유에 대해《논어 집
주》는 발을 덮기 위해서라고 했다. 발은 이불로 덮어
가리면 되므로 굳이 잠옷을 길게 만들어 덮는 것은 실
용적이지 않다. 앞에서 평상복의 오른쪽 소매를 짧게
한 실용적 스타일과 비교해서도 그렇다. 여기서 장(長)
은 잠옷의 길이를 가리키기보다는 잠옷의 전체적인 크
기로 보는 게 적절할 것이다. 잠옷은 잘 때 입는 옷이
므로 편안해야 가장 좋다.

(必有寢衣, 長一身有半.)

거실에서는 여우나 담비의 털로 만든 두툼한 방석
을 깔고 앉았다.

거실 바닥에 그냥 앉는 게 아니라 방석이나 카펫을
깔았다는 모습이다. 여우나 담비(오소리) 털가죽으로 만
든 카펫은 푹신해서 편할 것이다. 공자의 큰 체격을 고
려하면 이런 방석이나 카펫이 효과적이었을 것이다.

(狐貉之厚, 以居.)

23

장례를 위한 옷을 입을 때를 제외하고는 허리에
늘 옥구슬을 찼다.

옥구슬을 연결하여 허리 부분에 차는 스타일은 당시
일반적인 모습이다. 옥을 넣은 주머니를 연결하여 허리

에서 무릎 아래까지 내려가도록 차는 방식이다. 옥(玉)
은 옥구슬을 줄에 연결한 모습을 나타내는 글자이다.
가운뎃점을 찍어 왕(王) 글자와 구별했다.

옛 문헌에 패옥(佩玉)이라는 말이 많이 나온다. 패옥
은 매우 중요한 옷의 장식에 속하므로 상복을 입을 때
만 제외한다는 것이다. 우리나라에도 신석기시대와 청
동기시대 유물에 옥으로 만든 장신구가 많이 발견됐다.

몸에 옥을 주렁주렁 차는 이유는 단순한 장신구 역
할에 그치는 게 아니기 때문이다. 걸음걸이부터 행동까
지 조심하면서 당당하고 절제 있도록 하는 인격의 상징
이다. 《시경》의 시에도 옥을 높은 인격에 비유하는 구
절이 있다. 《예기》〈빙의〉 편에는 공자가 제자 자공에게
옥의 덕(德, 능력 또는 작용)을 이야기하는 내용이 실려 있
다. 공자는 옥을 어짊(仁), 지혜(知), 의로움(義), 예의(禮),
즐거움(樂), 정성(忠), 신뢰(信)를 닮은 물건으로 비유한
다. 〈옥조〉 편에는 패옥을 하는 의미가 보인다. 옥이 출
렁이며 내는 소리에 따라 걸음의 속도를 조절하고 몸의

동작도 부드럽게 하는 것이다. 그리하여 "걸을 때 패옥 소리를 들으면 항상 침착하여 나쁜 마음(非辟之心)이 들어오지 못한다."라고 했다. 패옥은 이 같은 실용적 의미가 있었다.

원문의 패(佩)는 허리에 차는 옥구슬이다. 예복을 입을 때 옥을 무릎 아래까지 내려가도록 찬다. 비단으로 긴 주머니를 만들어 그 안에 옥을 넣는다.

(去喪, 無所不佩.)

[24]

예복을 입을 때가 아니면 허리 아래에 두르는 치마 같은 옷은 간편하게 마름질해 입었다.

이 같은 옷 스타일은 고증할 수 없어 정확하게 설명하기 어렵다. 조정에 나갈 때나 제사 때 입는 옷이 아닐 때는 하의를 비교적 간편하게 해서 입었다는 의미일 것이다. 쇄(殺)는 간편하게 줄이는 마름질의 뜻이다.

(非帷裳, 必殺之.)

[25]

검은색 양 가죽옷을 입거나 검은색 모자를 쓰고
장례식에 가지 않았다.

장례식에 참석할 때 입는 옷의 색깔에 대한 설명이
다. 검은색 계통의 옷을 입고 조문하지 않는다는 말이
다. 이는 요즘의 상식과는 다르다. 요즘은 대개 검은색
복장으로 빈소나 장례식장을 찾아 조문하기 때문이다.
이 구절을 보면 흰색(素)은 장례 같은 흉사에 어울리는
색이고, 검은색(玄)은 경사스러운 일, 즉 길사에 어울리
는 색이다. 조선시대 역사 드라마에 왕이나 왕비가 죽
으면 신하들이 흰색 옷을 입는 장면을 볼 수 있다. 길
사(경사)에는 어두운 색의 대표인 검은색 옷을 입고, 장

레 같은 흉사에는 밝은색의 대표인 흰색 옷을 입는 것
이 조화로울 수 있다. 《논어집주》에도 "장례는 흰색을
중심 색으로 하고, 경사는 검은색을 중심 색으로 한
다."(喪主素, 吉主玄.)라고 했다.

(羔裘玄冠, 不以弔.)

[26]

매월 첫날은 관복을 반드시 규정대로 차려입고 조
정에서 업무를 처리하였다.

길월(吉月)은 음력으로 매달 초하루이다. 이날 조정에
나갈 때는 모든 것을 갖춘 관복 차림이었다는 의미다.
조복(朝服)은 공직자가 입는 관복 또는 예복이다. 조정
에 나갈 때는 당연히 관복 차림의 예복(조복)을 입어야
하는데, 여기서는 초하루의 의미를 살려 장식을 모두
갖춘 복장을 말하는 것으로 보인다. 조복(관복)에도 완

전한 방식, 좀 간편한 방식 등 몇 가지 스타일이 있었을 것이다. 한 달을 시작하는 첫째 날은 당시 특별한 의미가 있었다. 초하루를 '삭(朔)'이라고 했다. 노나라처럼 주나라의 제후 국가는 이날 조상을 모신 사당에 삭을 알리는 행사를 열었다. 그것을 고삭(곡삭, 告朔)이라고 한다. 논어 팔일 편에 공자와 자공이 나누는 이야기에 고삭이라는 표현이 나온다. 길(吉)은 대개 '좋을 길'로 읽는데, 음력 초하루의 뜻이 있다. 조(朝)는 아침의 뜻이 아니라 조정에서 임금을 뵙고 업무를 처리하는 것을 의미한다.

(吉月, *必朝服而朝.*)

[27]

제사를 앞두고 몸을 깨끗하게 할 때는 삼베 속옷을 입었다.

제사 등 중요한 행사를 앞두고 몸을 깨끗하게 하는 것(재계, 齋戒 또는 齊戒)은 마음가짐을 바르게 하기 위해 필수적인 과정이다. 재계 기간은 일주일가량이었다. 지금은 재계라는 말도 거의 사라졌지만 재계에 담긴 태도와 마음가짐은 보편적인 예의이고 정서라고 할 수 있다. 《논어집주》는 재계의 목적을 신과 교감(交神)하기 위한 행동이라고 했다. 그래서 몸을 청결히 하고 공경하는 자세가 특별해야 한다는 것이다. 신은 집안과 나라의 조상신을 비롯해 산천의 신 등을 포괄적으로 가리킬 것이다. 재계 때 입는 옷을 명의(明衣)라고 부르고 그 옷의 재질은 베(布, 삼베 또는 칡베)라고 했다. 당시 관습이었을 것이다. 왜 명의라고 하는가? 명의는 사람이 죽은 후 염습 과정에서 맨 먼저 입히는 옷도 가리킨다. 밝음(明)은 신과 만나는 상징성이 있으므로 명의라고 부를 것이다.

　명의가 어떤 옷인지에 대해 《논어집주》를 비롯해 대개 목욕 후 입는 옷으로 풀이한다. 목욕은 재계 과정에서 특히 중요하므로 목욕 후에는 특별한 옷을 입을 것 같다. 그런데 그 옷은 겉옷인가? 속옷인가? 《논어집주》를 비롯해 이 옷을 마치 목욕 가운처럼 풀이하는데, 그렇게 하면 뜻이 분명하지 않다. 목욕을 한 뒤에 잠시 입었다가 벗는 옷은 아닐 것이기 때문이다. 여기서 말하는 명의는 베로 만든 속옷으로 보는 게 적절할 것이다. 베로 만든 옷은 소박하고 검소하고 절제하는 의미를 담는다고 할 수 있다. 베는 거칠어서 속옷 재질로는 적당하지 않다. 그런데도 베 속옷을 입는 이유는 재계 동안에 성관계를 삼가야 하기 때문이다. 《예기》〈곡례 상편〉에는 "재계를 할 때는 즐거워하지도 슬프하지 않는다."(齊者, 不樂不弔)라고 했다. 감정을 조절하여 차분하게 하는 마음가짐이 매우 중요하다는 의미다.

공자는 제사와 장례(葬禮)에 매우 깊은 공경을 나타낸다. 이는 일상과 동떨어진 세계인 피안(彼岸)이나 내세(來世)에 대한 추구가 아니다. 제사와 장례를 일상의 뿌리로서 아우르는 차원이다. 《예기》〈교특생 편〉에는 부모와 조상, 나라의 시조, 하늘과 땅에 지내는 제사의 뜻을 보본반시(報本反始)로 표현한다. 자신의 뿌리에 보답하는 마음가짐이라는 의미다. 〈제의 편〉에는 그 의미를 구체적으로 밝히면서 이를 '효도하는 마음'으로 표현한다. 즉 "지난 일과 조상을 추모하는 이유는 자신의 뿌리를 잊지 않기 위해서다. 그래서 부모와 조상에 대해 공경의 마음을 나타내고 정성껏 제사를 지냄으로써 그 은혜에 보답하려는 것이다." 이 같은 태도를 반고복시(反古復始)라고 한다. 복(復)은 '돌아가 은혜를 갚는다' 라는 뜻이다. 이는 제사나 장례에 그치지 않는다. 전통을 존중하고, 전통을 토대로 새로움을 창조하는 온고지신(溫故知新. 논어 위정 편)과 신이호고(信而好古. 논어 술이 편)의 정신과 노력에 닿는다.

원문의 제(齊)는 재(齋)와 같다. 12절 참조.

(齊必有明衣, 布.)

[28]

제사를 앞두고 몸을 깨끗하게 할 때는 먹는 음식을 평소와 다르게 했다. 집에서 주로 지내는 공간도 평소와 다르게 했다.

음식을 평소와 다르게 하는 것은 술을 포함하여 마늘 같은 자극적인 음식을 피하는 간결한 식사를 하는 것이다. 지내는 공간을 바꿈(遷坐)은 안방처럼 늘 지내던 공간에서 재계를 하면 효과가 떨어질 것이기 때문이다. 공간을 바꾸는 목적은 성관계의 절제가 중요한 이유라고 할 수 있다. 깨끗한 몸과 마음으로 신을 만나는데 감정이나 정서의 방해가 되기 때문이다. 그 마음가짐을 위해 베로 만든 속옷을 입을 것이다.

(齊必變食, 居必遷坐.)

[29]

깨끗하게 다듬은 곡식밥을 잘 먹었고, 회는 가늘
게 썰어야 좋아했다.

이 구절부터 음식에 대한 공자의 습관과 태도를 기록
했다. 공자 특유의 모습이 많이 나온다. 옷 스타일도
음식을 통한 건강한 신체가 바탕이 돼야 가능하다는
점에서 음식은 일상 긍정과 공경을 위한 구체적인 실천
행위이다.

첫 문장인 식불염정(食不厭精)은 집주를 비롯해 대개
쌀밥을 가리킨다고 풀이한다. 이는 밥의 뜻을 너무 좁
힌다. 밥은 끼니에 먹는 음식 전체를 가리킨다. 《논어집
주》는 정(精)을 착(鑿), 즉 벼를 찧어(쓿어) 깨끗하게 하
는 것으로 풀이한다. 그래서인지 대개 이 구절을 "흰쌀
밥을 좋아했다(싫어하지 않았다)."처럼 옮긴다.

정(精)의 기본 의미는 쓿다, 즉 곡식을 찧어 껍질을 벗
기고 깨끗하게 하는 것이다. 여기서 '순수하다'라는 의

미가 생긴다. 그러나 쓿는 대상은 쌀(벼)만 해당하는 것이 아니다. 《주례》에 따르면 왕(천자)에게 올리는 밥은 벼, 기장, 조, 보리 등 여섯 가지 곡식(육곡, 六穀)을 사용한다고 했다. 쌀이 중심이 아니다. 이 구절의 식(食)을 밥에 한정하면 공자가 쌀밥만 좋아한 것처럼 여기기 쉽다. 이 구절은 쌀이든 보리든, 조든, 기장이든 깨끗하게 쓿어야 즐겨 먹었다는 의미가 적절하다.

회는 육회나 생선회를 가리킨다. 가늘게 자른 것을 좋아한 이유는 씹기 쉬워 소화에도 도움이 되기 때문일 것이다. 회가 두꺼우면 먹기에도 불편한데다 두꺼운 살이 위생적인지 의심스러울 수도 있기 때문일 것이다. 불염(不厭)은 '싫어하지 않았다.'인데, 이처럼 소극적인 표현을 쓴 이유가 있을 것이다. '좋아했다', '즐겼다' 같은 직접적인 표현을 쓰면 음식에 욕심을 가진 듯한 느낌을 줄 수 있다.

음식에 대한 공자의 태도는 얼핏 까다롭게 느껴질 수

있지만 음식은 몸의 건강을 지탱하는 근본이므로 공경의 자세가 엄격해야 한다는 뜻으로 볼 수 있다. 《예기》〈예운 편〉에는 공자의 말로 "예의는 음식에서 시작한다(禮之初, 始諸飮食)."라는 구절이 있다. 또 〈내칙 편〉에는 계절에 따른 음식 조리를 비롯해 여러 가지 곡식에 맞는 국, 잡내를 없애는 양념, 동물을 바르게 먹는 방법 등이 자세하게 기록되어 있다. 몇 가지 예를 들면 다음과 같다. '생선회는 겨자장을 곁들인다. 고라니 고기에는 젓국을 곁들인다. 소고깃국에는 쌀밥이 좋고 양고깃국에는 메기장밥이 좋다. 생선회를 봄에는 파로 조리하고 가을에는 겨자로 조리한다. 밤에 우는 소의 고기는 썩은 나무 냄새가 나므로 먹지 않는다. 털이 듬성듬성하고 털끝이 오그라든 양의 고기는 누린내가 나므로 먹지 않는다.' 등이다.

음식에 관해서는 음식물을 먹는 행위를 넘어 삶의 차원에서 더 깊은 의미를 생각해볼 필요가 있다. 《중용》

제4장에는 다음과 같은 공자의 말이 기록되어 있다. "사람은 누구나 먹고 마신다. 그런데 그 맛을 제대로 느끼는 사람은 드물다."(人莫不飮食也. 鮮能知味也) 여기서 지미(知味)는 음식물의 맛을 단순히 아는 차원을 넘어선다. 미(味)는 맛의 뜻이 확장되어 느낌, 기분, 분위기의 의미가 있다. 지(知)는 그냥 아는 것이 아니라 '분별하여 깨닫는다'의 의미다. 지미는 '삶의 적절한 느낌을 분별하여 깨닫는다'라는 뜻이라고 할 수 있다. 이는 복잡하고 미묘한 삶의 상황에서 적절한 상태를 분별하여 깨닫는 시중(時中)과 중용(中庸)이다. 공자는 일상의 음식 맛을 통해 삶의 맛을 느끼는 차원으로 생각을 확장했을 것이다.

원문의 정(精)은 동양철학에서 중요한 개념으로 쓰인다. 기본 의미는 방아를 찧어 깨끗하게 쓿은 쌀(米)이다. '밝고 자세하다, 깊고 그윽하다, 순수하게 아름답다, 정성, 진실, 굳셈, 생명의 근원, 만물을 생성하는 기운'으로 의미가 확장된다. 정기(精氣, 만물을 생성하는 으뜸 기운), 정미(精微, 정밀하고 자세함), 정수(精髓, 사물의 핵심), 정일(精一, 마음이 한결같이 순수함), 정진(精進, 정성을 다하여 발전해 나감) 같은 말이 있다.

(食不厭精, 膾不厭細.)

[30]

밥과 반찬, 생선이나 고기의 맛이 변하면 먹지 않았다.

의(饐), 애(餲), 뇌(餒), 패(敗)라는 말은 음식이 상하여 맛이 변하고 썩는 상태를 나타낸다. 상한 음식을 먹으면 건강을 해치므로 민감한 것은 당연하다. 반찬 중에서도 생선이나 고기는 쉽게 상하므로 더욱 조심하는 모습이다.

(食饐而餲, 魚餒而肉敗, 不食.)

[31]

음식의 빛깔이 나쁘면 먹지 않았다. 불쾌한 냄새
가 나면 먹지 않았다. 제대로 익히지 않아도 먹지
않았다. 식사는 시간에 맞춰 규칙적으로 하였다.

　음식은 깨끗하고 위생적이어야 먹었다는 모습을 강조
하고 있다. 지금처럼 냉장고가 없어 음식 재료의 보관
관리가 쉽지 않았을 것이다. 음식을 통한 건강 관리에
매우 철저하다는 것을 느낄 수 있다. 불시(不時)는 《논
어집주》에 곡식과 과일이 익지 않은 상태라고 풀이한
다. 이에 따라 대개 제철에 나는(그래서 잘 익은) 음식물
이 아니면 먹지 않았다고 풀이한다. 그러나 곡식이나
과일이 익지 않은 상태로 밥상에 오를 가능성은 많지
않다. 이 구절은 하루 두 끼든 세 끼든 아무 때나 먹지
않고 시간에 맞춘 규칙적인 식사를 했다고 보는 것이
적절하다. 영역은 'He does not eat except at the
proper time.'인데, 불시(不時)의 뜻을 잘 살린 풀이로

볼 수 있다.

원문의 임(飪)은 음식을 익히는 것이다.

(色惡不食, 臭惡不食, 失飪不食, 不時不食.)

[32]

아무렇게나 자른 육류는 먹지 않았다. 간이 맞지
않아 자극적인 음식은 먹지 않았다.

바르게 자르지 않은 육류는 먹지 않았다는 것은 단
지 육고기의 겉모양이 보기 좋아야 한다는 것만은 아
닐 것이다. 그보다 더 실용적인 의미는 고기를 바르게
자르지 않으면 먹기 곤란한 부위가 포함될 수 있다는
것이다. 《논어집주》는 '바르게 자르지 않은 고기는 먹
지 않았다'라는 구절을 "잠시라도 올바름을 벗어나지 않
는 태도"라고 풀이하는데, 이는 지나치고 편협적인 해
석으로 느껴진다. 간장과 된장, 고추장 같은 장류는 간

을 맞추는 데 필수적이다. 간이 맞지 않으면 먹지 않았
다는 것은 단지 맛뿐이 아니라 조화를 통한 영양 측면
까지 고려하는 태도라고 할 수 있다.

원문의 득(得)은 '알맞아 만족스럽다'의 뜻이다. 장(醬)
은 젓갈, 간장, 된장, 고추장 등 간을 맞추는 재료를 모
두 가리킨다.

(割不正, 不食, 不得其醬, 不食.)

[33]

고기 맛이 좋더라도 밥보다 많이 먹지 않았다.

다(多)는 '많다'의 뜻으로 이해하는 경우가 많기 때문
인지 이 구절도 대개 '밥상에 고기가 많더라도'처럼 풀
이한다. 多에는 '뛰어나다, 훌륭하다, 아름답게 여기다'
라는 뜻이 있는데, 이 뜻을 살리는 게 적절하다. 밥상
에 오른 고기의 많고 적음이 아니라 양에 관계없이 맛

이 좋은 고기라는 의미다. 밥상에 고기가 많은데 억지로 참으면서 적게 먹으려고 했다는 의미는 적절하지 않다. 곡식 밥을 중심으로 고기 등 반찬을 적당히 먹는 모습을 나타낼 것이다. 공자는 체격이 커 육류를 즐겨 먹었을 것이지만 지나치지 않았다는 의미라고 하겠다. 승(勝)은 대개 '이길 승'으로 읽는데 여기서는 '지나치다', '넘치다'의 뜻이다.

(肉雖多, 不使勝食氣.)

[34]

술은 상당히 많은 양을 마셨지만, 몸을 가누지 못할 정도로 흐트러지는 경우는 없었다.

주량이 반드시 체격과 비례하는 것은 아니지만, 공자의 큰 덩치를 생각하면 술을 상당히 많이 마셨을 수 있다. 중요한 것은 주량이 아니라 주도(酒道), 즉 술을 마신 후 흐트러지지 않는 태도이다. 이 구절은 공자가 술은 많이 마시지만 언행이 흐트러지지 않았음을 강조한다. 공자 자신도 "나는 술을 마시더라도 힘들어하는 상태가 되지 않는다."(不爲酒困. 논어 자한 편)라고 했다.

《주례》에 따르면 주나라에는 술의 제조와 관리를 담당하는 관직인 주정(酒正)이 있었다. 술을 담그는 방법에는 5가지, 술 종류는 3가지, 마시는 방법에는 4가지가 있었다. 관직에 있는 사람이 술을 마시고 흐트러지면 벌을 주고 술을 바르게 마시면 상을 준다고 했다. 《서경》〈주서〉(周書)에는 술에 대한 엄격한 질서를 훈계하는 〈주고(酒誥) 편〉이 있다. 술에 빠져 업무를 망치는 행동을 엄격히 금지하는 내용이다. 제사 때만 적당히 마실 것을 당부하고 있다. 이런 내용도 공자에게 영향을 미쳤을 것이다.

(唯酒無量, 不及亂.)

품질이 떨어지는 술이나 길거리에서 파는 육포는 먹지 않았다. 생강은 소화에 도움이 될 정도로 적당히 먹었다.

술과 육포는 제사 음식으로도 중요하지만 일상에서도 즐겨 먹는다. 그만큼 위생적이고 품질이 좋아야 할 것이다. 고시(沽市)는 시장 등에서 상인이 판매하는 것이다. 시장에서 파는 술이나 육포가 반드시 품질이 나쁜 것은 아니겠지만 제조 과정을 직접 확인할 수 없기 때문에 신뢰하기 어려운 느낌을 가질 수 있다. 술과 육포는 집안에서 재료를 철저히 확인하면서 제조하는 것이 신뢰할 수 있다는 의미라고 하겠다. 생강은 소화를 도와 위장을 보호하는 양념이다. 자극적인 맛이므로 내키지 않을 수 있다. 그렇지만 소화를 위해서 적당히 먹는다. 이를 물리치지 않는다는 의미로 불철(不撤)이라고 표현했을 것이다.

(沽酒市脯, 不食, 不撤薑食.)

[36]

음식을 더부룩할 정도로 많이 먹지는 않았다.

불다식(不多食)은 '많이 먹지 않는다'라는 뜻이다. 이를 앞 문장(구절)에 붙여'생강을 많이 먹지 않는다'라고 풀이하는 경우가 많지만 이는 적절하지 않다. 생강은 자극적인 양념이므로 군이 억지로 많이 먹을 수 있는 음식이 아니기 때문이다. 불다식은 전반적으로 식사량이 많지 않았다는 의미로 보는 것이 적절하다.《논어집주》는"적당하게 먹고 욕심 내지 않는다."라고 풀이하는데, 그 뜻을 잘 표현했다. 논어 학이 편에 공자의 말로 "인격 높은 사람(:군자)은 배부르게 먹지 않는다."라고 했다. 배움을 좋아하는 호학(好學)을 강조하면서 한 말이다. 만약 공자가 일상에서 음식에 욕심을 내 배부르게 먹으면서 이 같은 말을 했다면 스스로를 속이는 교언(巧言)에 지나지 않는다.

이 구절에서 원문의 다(多)는 '뛰어나다'의 뜻이 아니라 단순히 '양적으로 많다'의 뜻이다.

(不多食.)

[37]

관청에서 제사 지내고 가져온 육류는 당일 먹었다. 집에서 제사 지낸 육류는 사흘을 넘기지 않고 먹었다.

육류를 상하기 쉽기 때문에 가급적 빨리 먹어야 한다. 나라에서 지낸 제사를 마치고 받는 고기는 당일 먹는데, 이는 제사의 의미를 살리기 위해서이다. 집에서 지낸 제사에 올린 고기는 삼일 안에 먹는다. 삼 일이 지나면 상할 가능성이 높기 때문이다. 제사에 쓴 고기가 상하도록 하는 것은 공경스럽지 못한 태도다.

원문의 숙(宿)은 '묵다', '오래되다'의 뜻이다.

(祭於公, 不宿肉, 祭肉, 不出三日, 出三日, 不食之矣.)

[38]

음식을 먹을 때는 이야기를 하지 않았다. 쉴 때도
말을 줄였다.

불어(不語)와 불언(不言)을 '말을 하지 않는다'로 이해
하면 지나친 면이 있다. 어떤 경우에도 말을 아예 하지
않는 것은 적절하지 않다. 꼭 필요한 말이 아니라면 굳
이 할 필요가 없다는 맥락이라고 할 수 있다. 식사를
하면서 가족이나 지인과 적절히 이야기하는 것이 나쁘
다고 할 수 없다.

침(寢)은 '잠을 자다'라는 의미가 일반적이어서 그런지
《논어집주》를 비롯해 대개 '잠잘 때도 말을 하지 않았

다.'라고 풀이한다. 잠을 잘 때 말을 하는 경우는 별로 없다. 침(寢)은 반드시 잠을 잔다는 의미라기 보다는 '휴식하다'라는 뜻이 있다. 쉴 때도 불필요한 말을 하지 않는다는 풀이가 적절할 것이다. 《논어집주》는 식사 때나 잠잘 때 말을 하면 폐(肺)가 상할까 염려하기 때문이라고 했는데, 지나친 해석으로 보인다.

(食不語, 寢不言.)

[39]

간소하게 음식을 먹을 때도 반드시 고수레를 정성껏 하였다.

식사를 할 때는 반드시 고수레(음식을 먹을 때 조금 떼내어 신에게 바치는 행동)를 한다는 것이다. 간소한 음식을 말하는 것은 음식이 많든 적든, 종류가 어떻든 관계없이 고수레를 한다는 점을 강조한다. 《논어집주》의 풀이처럼 음식을 먹기까지 들어간 노력에 대한 감사의 표시다. 이는 정성이고 공경이다. 음식은 생명을 지탱하는 바탕이므로 고수레 전통은 지금도 사정에 맞게 살리면 매우 좋을 것이다.

원문의 소식채갱(疏食菜羹)은 거친 음식과 나물국으로, 소박한 밥상이다.

(雖疏食菜羹, 必祭, 必齊如也.)

[40]

돗자리나 방석은 바르게 하여 앉았다.

부좌(不坐)는 '앉지 않는다'가 직역이지만 이 구절에서는 '앉지 않는다'가 아니라 '앉되 어떻게 앉는지'가 문제이다. 돗자리나 방석이 흐트러져 있으면 앉지 않았다는 게 아니라 바르게 한 다음에 앉았다는 것이다. 사소한 행동 같지만 자신의 몸을 받치는 물건에 대한 예의 바름의 뜻이라고 하겠다.

(席不正, 不坐.)

[41]

마을에서 사람들과 술잔치를 한 다음에는 노인들
이 편안하게 돌아가는 모습을 보고 나서야 헤어
졌다.

향당에서 연장자를 모시고 술 잔치를 벌인 다음 헤어
질 때 예의를 갖추는 모습이다. 여기서 지팡이를 짚는
사람, 즉 연장자는 60세 이상을 가리킨다. 잔치가 끝난
뒤 노인들이 집으로 돌아가는 모습을 본 뒤에 서로 헤
어진다는 것이다. 노인들을 보낸 뒤에 술자리를 계속
이어가서는 안 된다는 의미도 들어 있다. 지금 시대와
는 차이가 있지만 《예기》〈왕제〉 편에는 50세 이상 연령
대에 따른 상태를 설명한다. 즉 "50세가 되면 노화가 시

작된다. 60세가 되면 고기를 먹어야 배가 부르다. 70세가 되면 명주옷을 입어야 몸이 따뜻하다. 80세가 되면 사람의 체온 정도가 돼야 몸이 따뜻하다. 90세가 되면 사람의 체온 정도라도 몸이 따뜻해지지 않는다. 50세가 되면 집 안에서 지팡이를 짚는다. 60세가 되면 고을(향당)에서 지팡이를 짚는다. 70세가 되면 나라 안에서 지팡이를 짚는다. 80세가 되면 조정에서 지팡이를 짚는다. 90세가 되면 천자(왕)가 음식을 준비해서 직접 찾아가서 궁금한 것을 묻는다."라고 했다.

(鄕人飮酒, 杖者出, 斯出矣.)

[42]

마을 사람들이 나쁜 귀신을 쫓는 행사를 열 때는 예복을 갖춰 입고 동쪽 계단의 디딤돌에 서서 바라보았다.

나례(儺禮)를 대하는 자세를 말하고 있다. 잡귀나 악
귀를 쫓는 의식 행사인 나례는 향당의 중요한 일이었
다. 조선시대에도 나례가 민간이나 궁중에서 정기적으
로 열렸다. 나례는 주나라 시대부터 방상씨(方相氏)라는
직책을 맡은 사람이 담당했다. 나례는 전문적인 행사이
므로 공자가 직접 참여할 상황이 아니었을 것이다. 대
신 예복을 갖춰 입고 행사를 바라보면서 공경하는 예의
를 보이는 모습을 기록한 것이라고 할 수 있다. 나례를
여는 향당 사람들을 존중하는 태도다.

조계(阼階)는 동쪽 계단으로 동계(東階)이다. 동쪽은
주인의 방향, 서쪽은 손님의 방향이다. 계단은 마을회
관 같은 건물의 강당에 오르내리는 것이다. 동쪽 계단
디딤돌(섬돌)에 선다는 것은 마을 행사를 단순한 구경거
리가 아니라 함께 참여하는 심정을 나타내는 것이라고
할 수 있다. 《예기》〈교특생 편〉에는 이 장면과 관련된
내용이 기록되어 있다. 즉 "마을 사람들이 악귀를 쫓아
내는 굿을 하고 있을 때 공자가 예복을 입고 동쪽 계단

에 서 있었다. 이는 마을의 사당에 있는 마을 수호신을 편안하게 하려는 마음이었다."(鄕人禓, 孔子朝服. 立于阼, 存室神也.)라고 했다. 양(禓)은 나쁜 귀신을 쫓는 굿으로, 나(儺)와 같은 뜻이다. 공자가 어떤 뜻에서 마을의 동쪽 계단에 서 있었는지 알 수 없지만 마을 수호신이 악귀를 쫓는 굿 때문에 놀라지 않도록 마음을 쓴 것이라는 《예기》의 해석도 타당해 보인다.

원문의 나(儺)는 역귀(疫鬼, 전염병을 일으킨다는 나쁜 귀신)를 쫓는 행사다. 조(阼)는 주인이 이용하는 동쪽 계단이다. 손님은 서쪽 계단을 이용한다. 조계(阼階)는 동계(東階)다. 계(階)는 첫 계단 쪽에 놓는 디딤돌이다.

(鄕人儺, 朝服而立於阼階.)

[43]

다른 나라에 사는 지인에게 사람을 보내 안부를 물을 때는 지인이 살고 있는 쪽을 향해 허리 굽혀 거듭 공경의 뜻을 보였다.

다른 나라에 살고 있는 지인에게 사람을 대신 보내
안부를 전하는 모습이다. 공자 자신이 직접 갈 수 없는
상태에서 심부름을 보내는 상황으로 보인다. 두 번 절
하는 것은 심부름하는 사람에게 하는 것이 아니라 외
국에 있는 지인을 생각하면서 예의를 갖추는 것이다.
《주례》에는 절의 방식으로 머리가 땅에 닿도록 하는 계
수(稽首)와 돈수(頓首) 등 9가지를 소개한다. 여기서 공
자가 한 절은 머리를 허리까지 숙이는 공수(空首)라고
할 수 있다.

(問人於他邦, 再拜而送之).

[44]

노나라 권력자인 계강자가 보약을 보내자 정중하
게 받은 다음 약을 가져온 사람에게 "저는 부족한

사람이므로 송구하지만 약을 받아먹을 처지가 못 됩니다."라고 말했다.

계강자는 노나라 대부로서 국정의 실권을 쥔 권력자이다. 공자가 14년간 유랑했을 때 노나라에 돌아올 수 있도록 도운 인물이다. 공자로서는 매우 고마운 사람이다. 아버지 계환자는 공자가 노나라 사구를 지낼 때 조정에서 가까운 사이로 지냈다. 계환자는 죽기 전에 아들 계강자에게 공자가 노나라로 돌아올 수 있도록 당부했다. 계강자는 공자가 노나라에 돌아오는 것을 반대하는 조정의 분위기를 누그러뜨리고 예의를 갖춰 공자를 맞이했다. 이는 공자가 노나라에서 삶의 마지막 단계인 5년을 알차게 보낼 수 있었던 매우 중요한 상황이다. 만약 어정쩡한 상태에서 초라한 모습으로 노나라에 돌아왔다면 공자와 논어는 역사에 등장하지 못했을 것이다.

논어에는 공자가 계강자와 나눈 대화가 다섯 차례 기록되어 있다. 선진 편에서는 "제자 중에 누가 호학자(好學者)인가?"를 물었고, 공자는 "안회가 호학자였는데, 불행히도 일찍 죽었고 지금은 호학자라고 할 만한 제자가 없다."라고 답했다. 안연 편에는 공자에게 정치를 묻는 질문 세 가지가 기록되어 있다. 정치는 삶을 올바르게 하는 것이라는 뜻으로 널리 쓰이는 '정자정야(政者正也)'라는 말도 계강자의 질문에 공자가 답한 것이다. '정자정야'라는 말은 공자가 지어낸 말이 아니다. 공자보다 150년가량 앞선 《관자》〈법법〉(法法) 편에 보인다. 정치의 바른 모습을 나타내는 말로 널리 알려져 있었을 것이다.

그런 계강자가 약을 선물로 보냈다. 이 약은 특정 질병을 치료하기 위한 용도가 아니라 기력을 찾는 데 도움이 되는 일종의 보약일 것이다. 오랜 유랑 생활 때문에 몸이 쇠약해졌을 것으로 보고 계강자가 보냈을 것으로 추정된다. 《논어집주》를 비롯해 대개 이 구절은

"약 성분을 알지 못해, 즉 의심스러우니 받아먹기 어렵다."라고 풀이하고, 이를 공자의 정중하지만 솔직한 모습으로 해석한다. 보낸 사람을 의심하는 게 아니라 신중하기 때문이라는 것이다. 이런 관점이라면 약이 아니라 임금이 음식을 보내더라도 그대로 먹기가 어려울 것이다. 음식에 구체적으로 어떤 성분이 들어있는지 파악하기가 쉽지 않기 때문이다.

 '구미달(丘未達)'을 어떻게 이해할 것인지가 이 구절의 핵심이다. 구(丘)는 공자의 이름이다.《논어집주》 등은 대개 '미달'을 약 성분을 이해하지 못한다는 것으로 풀이한다. 그러나 약을 보낸 사람이 그냥 약 뭉치만 보내지는 않을 것이다. 심부름하는 사람 편으로 어떤 약인지 설명하는 내용도 함께 보냈을 가능성이 높다. 어떤 약재로 지은 약이며 몸에 어떻게 도움이 되는지 구체적으로 알려주는 처방전 같은 것을 함께 보냈을 것이다. 이 같은 점을 헤아려보면 '구미달'은 "저는 아직 부족한 사람입니다."로 풀이하는 게 적절할 것이다. 건강에 도움이 될 좋은 약을 보내주어 무척 고맙지만 자신이 이런 약을 받아먹을 만큼 훌륭하지 못하다는 맥락이라고 할 수 있다.

원문의 궤(饋)는 음식이나 물건을 보내는 것이다. 달(達)은 '통하다, 깨닫다, 뜻을 이루다, 사리에 밝다'의 뜻이다. 상(嘗)은 '맛보다, 체험하다, 시험하다'의 뜻이다. 불감(不敢)은 함부로 하지 않는 모습이다.

(康子饋藥, 拜而受之曰, 丘未達, 不敢嘗.)

[45]

① 집 마구간에 불이 났다. 조정에서 돌아와 "사람이 다쳤는가?" 하고 물었다. 말에 대한 관리 책임은 따지지 않았다.

② 집 마구간에 불이 났다. 조정에서 돌아와 "사람이 다쳤는가?" 하고 물었다. 그리고 나서 말은

공자의 일상 공경-논어 향당 편

괜찮은지 물었다.

이 구절은 두 가지 풀이를 하는 게 필요하다. 어느 쪽 풀이가 나은지는 독자들이 판단해보는 것이 좋을 듯하다. 나는 ②의 뜻이 공자의 태도에 가깝다고 생각한다.

공자가 살았던 춘추시대와 이후 전국시대에 말(馬)은 군사용 전차(戰車)와 교통 수단으로서 수레를 끄는 데 매우 중요한 동물이다. 《주례》에는 말을 키우고 훈련하고 관리하는 직책으로 취마(趣馬), 무마(巫馬), 어사(圉師) 등의 직책을 자세히 소개한다. 보통 말은 마(馬)라고 하지만 크고 튼튼하여 매우 좋은 말은 용(龍)이라고 불렀다.

말이 아무리 유용하여 소중한 동물이라 하더라도 사람보다 귀중할 수 없는 것은 예나 지금이나 상식이다. 공자가 조정에서 퇴근했을 때 집 마구간에 불이 났다는 이야기를 들었다. 사람이 다치지 않았느냐고 묻는 건 당연하다. 다친 사람이 있는지 없는지는 알 수 없다. 마구간의 규모가 어떤지, 말은 몇 마리가 있었는지도 알 수 없다. 이 구절은 대부분 공자가 사람이 다쳤는지 묻고 말에 대해서는 묻지 않았다고 풀이해왔다. 말이 중요하더라도 사람을 더욱 소중히 여기는 인본주의적 태도라는 관점이 많다. 영어로도 "'Did anyone get hurt?' He did not ask about the horses."로 옮긴다.

자세히 생각해볼 점은 '불문마'(不問馬)라는 표현이다. 이 구절이 없다면 사람의 안부를 먼저 걱정하는 데서 그쳤을 것이다. 《논어집주》는 "사람을 귀하게 여기고 가축을 천하게 여기는 도리는 마땅히 이와 같다."(貴人 賤畜, 理當如此.)라고 설명한다. 공자의 마음은 이와 달랐을 것이다. 사람의 안부는 당연히 먼저 걱정됐겠지만 말 상태 또한 궁금했을 것이기 때문이다.

'불문마'라는 표현 때문에 공자가 말을 소홀히 여기는 냉정한 사람으로 비칠 수 있다. 그래서 이 구절에 구두점(문장을 끊어 읽는 점)을 찍어 '불, 문마.'(不, 問馬.)로 해석해야 한다는 견해도 있다. 그렇게 하면 "다친 사람은 없는가? 없다고 하자(不), 비로소 말에 대해 물었다(問馬)."로 된다. 공자가 실제 어떻게 말을 했는지, 불문마의 구두점이 빠졌는지는 알 수 없다. 논어가 최초로 편집될 때는 구두점이 없는 문장이었을 것이다.

문(問)은 대개 '묻다', '질문하다'라는 뜻으로 쓴다. 그래서 불문마는 지금까지 '말에 대해서는 묻지 않았다.'처럼 풀이해왔다. 문(問)에는 '잘못한 일의 책임을 따져 밝히다.'의 뜻이 있다. 문죄(問罪)는 죄를 따져 밝히는 것이며, 문책(問責)은 책임을 물어 따지는 것이다. 이 뜻을 적용하면 불문마를 "말 관리의 책임을 따지지 않았다."로 할 수 있다. 이 같은 해석이 불문마의 의미에 대한 새로운 관점을 줄 수 있지 않을까 생각한다. 사람이 다쳤는지 걱정하는 것도 우선적으로 중요하지만 마구간 관리를 소홀해서 불이 났을 경우 그 관리 책임도 중요하다. 공자가 사람의 안전뿐 아니라 관리 소홀에 대한 책임도 구태여 따지지도 않았다는 의미가 적절할 것이다. 일부러 마구간에 불을 낸 것은 아니겠기 때문이다.

공자가 말에 대해 특별한 애정을 가졌다는 점은 '사무사(思無邪)'라는 표현에서 찾을 수 있다. 공자는 논어 위정 편에서 "시삼백(시경 전체 내용)을 한마디로 말하면 사무사이다."라고 했다. 사무사에서 思(사)를 어떻게 볼 것인가는 분명하게 가리기 어렵다. 思는 보통 '생각할 사'라고 읽는데, 그렇게 할 경우 사무사는 '생각하는 데 거짓이 없다.'로 풀이할 수 있다.

시경 전체를 살펴보면 思가 생각한다는 뜻이 아니라 특별한 뜻이 없는 조사로 쓰이는 경우가 가장 많다. 나는 뜻을 구태여 새길 필요가 없는 조사라고 본다. 그렇게 하면 사무사는 '순수함이다.'라고 풀이할 수 있다. 순수하다는 것은 사람이든 동물이든 거짓이 없는 모습이다. 생각하다는 뜻을 구태여 보태지 않아도 그 의미가 잘 전달된다.

사무사는 시경의 노송(魯頌, 노나라를 칭송하는 노래) 4편 가운데 첫 편인 '경(駉, 살찌고 튼튼하여 굳센 말)'에 나온다. 이런 말이 들판을 달리거나 수레를 끌고 달리는 모습이 네 구절로 표현되어 있다. 각 구절 끝에 후렴처럼 나오는 말이 "한없이 훌륭하네(思無彊)", "한없이 재주가 뛰어나네(思無期)", "싫증내지 않고 달리네(思無斁)", "순박하게 달리네(思無邪)"이다. 공자가 이 구절에서 사무사를 시경을 대표하는 말로 채택했는지, 생각이 순수하다는 의미를 위해 사무사라는 말을 지었는지는 알 수 없다. 나는 공자가 사랑한 고국 노나라를 칭송하는 노래에 말의 순수한 모습을 묘사하는 표현이 특별히 그의 가슴에 와닿았을 것으로 추정한다.

　공자가 말에 대해 깊은 애정을 가지고 칭송하는 표현은 논어 헌문 편에서도 볼 수 있다. 공자는 "잘 달리는 말은 그저 힘이 좋다는 뜻이 아니라 그 곧은 자세를 가리킨다."라고 했다. 원문의 기(驥)는 준마를 가리킨다.

곧은 자세는 德(덕)을 풀이한 것이다. 덕(德)은 뜻이 많아 번역이 쉽지 않지만 옛날 글자 모양인 '悳'에서 실마리를 찾을 수 있다. 悳은 곧다는 뜻의 직(直)과 마음 심(心)이 결합된 글자이므로 그 의미가 분명하게 와 닿는다. 준마는 당연히 근육이 발달했으므로 천리마로 불릴 만큼 잘 달린다. 공자는 그런 말의 모습을 튼튼한 근육을 넘어 말의 곧은 자세 같은 어떤 올바름에 자신의 감정을 연결한다.

(廐焚, 子退朝曰, 傷人乎, 不問馬.)

(廐焚, 子退朝曰, 傷人乎, 不, 問馬.)

[46]

임금께서 음식을 보내면 바른 자세로 받은 뒤 맛을 보았다.

음식으로 임금을 대하는 세 가지 상황이 기록되어 있

다. 이 구절은 임금이 사람을 시켜 조리된 음식을 보냈을 때 맞이하는 상황이다. 음식을 받고 맛을 보는 두 가지 동작으로 되어 있다. 음식이 도착하면 선 자세로 공손하게 받았을 것이다. 이어 상에 음식을 놓고 맛을 봤을 것이다. 이 두 동작은 자리를 바르게 한 다음 이루어졌다. 그래서 "자리부터 바르게 했다(正席)."로 되어 있다. 먼저 맛을 본다는 것은 가족이나 이웃에 나눠주기 전 임금에 대한 공경의 표시다. 임금이 보낸 음식은 임금을 마주하는 것과 다를 바 없기 때문이다. 여기서 맛을 먼저 본다는 것은 음식에 문제가 있을지도 모른다는 의미가 아니다. 《주례》에 따르면 임금의 음식을 담당하는 전문가로 선부(膳夫)가 있었다. 조선시대의 사옹(司饔)에 해당한다. 신하의 집으로 보내는 음식도 당연히 선부의 관리를 거쳤을 것이므로 의심할 필요가 없을 것이다.

나라에서 제사를 지낸 뒤 임금이 신하에게 음식을 내리는 일은 신뢰를 보여주는 중요한 절차였다. 공자가

55세 때 노나라의 정치는 매우 혼란스러웠다. 그해 나라에서 제사를 지낸 뒤 음식을 공자에게 보내지 않았다. 이는 공자가 노나라 조정에서 배제되는 것을 의미한다. 이 같은 상황에서 공자는 노나라에서 계속 생활하기 어려워졌고 결국 제자들과 함께 쫓겨나듯 노나라를 떠나 14년 동안 여러 나라를 찾아다니는 유랑을 하게 된다.

원문의 사(賜)는 '물건을 주다, 은혜를 베풀다'의 뜻이다.

(君賜食, 必正席先嘗之.)

[47]

임금께서 생고기를 보내면 익혀서 조상을 모신 사당에 올렸다. 살아있는 가축을 보내면 소중하게 길렀다.

집안의 사당인 가묘(家廟)에 먼저 올리는 이유는 조상도 넓은 의미에서 가족이므로 먼저 드시도록 하는 예의이다. 생고기 그대로 사당에 올리지 않고 익히는 이유는 임금이 내리는 음식에 정성을 더하는 과정일 것이다. 살아 있는 가축은 제사에 희생으로 쓸 수 있는 종류(소, 양, 말, 돼지, 개, 닭) 일텐데, 소(송아지) 또는 양으로 추정된다. 희생으로 쓰는 가축은 특별한 환경에서 소중히 키워야 한다.

(君賜腥, 必熟而薦之. 君賜生, 必畜之.)

[48]

임금을 모시고 음식을 먹을 때 임금이 고수레를 하면 비로소 음식 앞으로 다가가 먹었다.

임금을 마주하고 음식을 먹을 때 상황이다. 장소는 조정의 특정 공간일 것이다. 《주례》에 따르면 왕(천자)에게 올리는 음식은 여섯 가지 곡식과 여섯 가지 희생 가축을 기본으로 사용하고 120가지 반찬을 준비한다. 왕의 음식을 준비하고 관리하는 선부(膳夫)는 신에게 고수레를 먼저 하며 왕이 먹기 전에 맛을 본다. 이 절차가 끝난 뒤에 왕이 음식을 먹는다. 주(周)나라의 제후국으로 주나라의 전통을 가장 잘 계승한 노나라도 이와 비슷했을 것이다.

이 구절은 《논어집주》를 비롯해 대개 임금이 먼저 고수레를 하고 나서 초청 받은 신하가 먼저 음식을 먹는다는 의미로 풀이한다. 이렇게 할 경우 신하가 임금보다 먼저 먹는다는 공경스럽지 못한 상태가 된다. 이 난처한 상황을 해결하기 위해 주석가들은 신하가 임금보다 먼저 음식을 먹는 이유는 음식이 제대로 되어 문제가 없는지 파악하려는 것이라고 설명한다. 음식에 독성이 있는지 알아보기 위해서라는 해석도 있다.

이런 견해는 정확하지 않다. 임금의 음식을 마련하고 관리하는 사람은 선부라는 전문가의 역할이기 때문이다. 임금의 상에 오른 음식은 이미 선부가 철저히 확인한 것이다. 이를 신하가 먼저 맛을 보면서 확인한다면 절차도 맞지 않는 데다 음식에 문제가 있는지 판단하는 전문성도 매우 부족할 것이다.

이 구절의 해석이 그동안 앞뒤가 맞지 않았던 이유는 '선반'(先飯)이라는 표현 때문으로 보인다. 선반을 대개 '먼저 먹는다'로 풀이했기 때문에 임금보다 먼저 음식을 먹는다고 하면서도 공경스럽지 못한 이유로 임금이 안심하고 먹도록 음식 상태를 시험하는 것으로 무리한 해석을 하곤 했다.

여기서 선(先)은 '먼저'라는 부사 의미보다는 '앞으로 나아가다'의 동사 의미로 풀이하는 것이 적절하다. 이렇게 이해하면 임금이 고수레를 마치면 비로소 음식상 앞으로 다가가 함께 먹는다는 풀이가 가능하다.

(侍食於君, 君祭, 先飯.)

[49]

몸이 아파 집에 누워있을 때 임금께서 문병을 오
면, 동쪽으로 몸을 돌리고 관복은 몸 위에 덮고
맞이하였다.

임금과 신하 사이에 친밀한 예의가 느껴진다. 임금이
집에 오더라도 일어나기 어려울 정도로 몸이 불편한 상
황이다. 그런 상태에서 최대한 예의 바르게 임금을 맞
이하는 모습이다. 관복을 입지 못하지만 이불을 걷어
내고 몸 위에 얹는 것으로 영접의 예의를 갖춘다.

이 구절에서 특히 눈에 띄는 부분은 머리를 동쪽으
로 하고(東首) 임금을 맞이했다는 내용이다. 왜 동쪽일
까? 《논어집주》에는 그 이유에 대해 "생생한 기운을 받
기 위해서다."(以受生氣也.)라고 했다. 동쪽은 해가 뜨는
방향이므로 이 같은 설명을 했을 것으로 보이지만 의미
가 분명하지 않다. 해가 뜨는 방향에서 받는 생생한 기
운은 공자 자신을 위한 것인가? 찾아온 임금을 위한 것

인가?

임금이 문병하러 온 시간은 해가 뜨는 아침 시간은 아닐 것이다. 그렇다면 생생한 기운을 받기 위해서라는 설명은 더욱 상황과 맞지 않는다. 동쪽이라는 방향이 갖는 의미를 생각할 필요가 있다. 동쪽은 주인(主人)의 방향이고 서쪽은 손님의 방향이다. 앞에서(42절) 공자가 마을의 나례 행사를 구경할 때 동쪽 계단(阼階)의 섬돌에 섰다는 내용이 나왔다. 머리를 동쪽 방향으로 두었다는 것은 임금, 즉 나라의 주인을 맞이하는 행동이라고 볼 수 있다. 임금은 공자가 누워 있는 방으로 올 때 동쪽의 입구를 이용했을 것이다. 《예기》〈곡례 상편〉에 "주인은 동쪽 계단으로 손님은 서쪽 계단으로 나아간다. 손님이 주인보다 지위가 낮으면 주인이 오르내리는 계단의 동쪽을 향하여 나아간다."라고 하였다. 임금은 공자보다 지위가 높으므로 공자는 동쪽을 향하여 나아가듯 방향을 돌렸을 것이다.

원문의 동(東)은 동쪽, 주인의 뜻이다. 주인이 손님을 대할 때 동쪽 자리를 차지한 데서 주인의 뜻이 생겼다. 수(首)는 '머리를 어떤 방향으로 향하다'의 뜻이다. 신(紳)은 예복을 입을 때 허리에 매는 큰 띠다.

(疾, 君視之, 東首, 加朝服拖紳.)

[50]

임금께서 부른다는 연락이 오면 수레를 준비하느라 머뭇거리지 않고 먼저 서둘러 길을 나섰다.

여기서 임금이 부르는 명령(命召)는 급한 일 때문으로 추정된다. 임금과 신하의 관계가 아니더라도 누가 자기를 불렀을 때 "예." 하는 대답에도 빠르고 늦음이 있다. 《예기》〈곡례 상편〉에는 "부모와 스승이 부르면 머뭇거리지 않고 빨리 대답하면서 달려간다(父召無諾, 先生召無諾, 唯而起)."라고 했다. 유(唯)는 빠르고 공손한 대답이고, 낙(諾)은 느리고 가벼워 공손하지 못한 대답이다.

기(起)는 그냥 일어나는 모습이 아니라 어떤 동작을 시작하는 것이다. 부름에 곧바로 공손히 대답하면서 달려가는 동작이다. 〈옥조 편〉에는 아버지가 자식을 부를 때의 행동을 구체적으로 기록하였다. 즉 "유(唯)라고 대답하고 낙(諾)으로 대답해서는 안 된다. 일을 하고 있다면 중단하고, 음식을 먹고 있다면 뱉어낸다. 걸어가면 안 되고 반드시 달려가야 한다."라고 되어 있다.

이 구절은 임금의 부름에 유(唯)의 대답을 하고 움직이는 모습을 묘사한 것이다. 타고 갈 수레를 준비한 다음 출발해도 되겠지만 일단 서둘러 출발하고 수레는 갖춰지는 대로 따라오면 중간에 타고 갈 수 있는 상황을 보여준다. 조금이라도 빨리 임금에게 가도록 하는 공경의 마음과 사려 깊은 자세가 중요하다. 〈옥조 편〉에는 임금이 신하를 부르면 신발이나 수레를 기다리지 않고 달려간다는 내용이 있다. 공자 시대에는 수레를 타고 이동을 했고 말 안장에 올라타서 달리는 방식은 없었다.

(君命召, 不俟駕行矣.)

[51]

노나라 시조를 모신 사당에서 제사를 지낼 때 내
용과 절차를 하나하나 묻고 확인하였다.

이 구절은 논어 팔일 편에 나온다. 그래서《논어집주》
는 "논어에 거듭 나온 내용이다(重出)."라고만 언급한다.
대부분의 문헌에도 이 내용을 "중복된 구절"이라고만
언급할 뿐 다른 설명이 없다.

이 구절을 중복되는 내용이라고만 하기보다는 다른
차원을 생각해볼 필요가 있다. 팔일 편의 내용과는 전
체적으로 동일하지 않을뿐더러 의미와 가치에 차이가
있기 때문이다. 반복해서 말할 가치가 있기 때문에 향
당 편에도 기록한 것으로 보는 것이 적절하다.

팔일 편의 내용은 다음과 같다. 공자가 태묘에 들어

가 제사를 지낼 때면 모든 일을 하나하나 물었다. 어떤 사람이 다른 사람들에게 말하기를, "숙량흘(공자의 아버지)의 아들은 예의를 잘 안다고 했는데 과연 그런가? 태묘에서 일일이 묻더라." 이런 이야기를 들은 공자는 "그렇게 하는 것이 예의다."라고 말했다.' 태묘에서 공자의 모습을 본 어떤 사람은 공자가 예의 절차 등을 잘 알지 못해서 주변에 자꾸 묻는 것으로 이해했을 것이다.

　태묘는 노나라 시조인 주공(周公)을 모신 사당이다. 주나라의 문물제도를 가장 잘 계승한 제후국은 노나라였다. 그래서 공자는 "나는 주나라의 문물제도를 따르겠다."(논어 팔일 편)라고 했다. 주나라의 문물제도를 완성시키는 데 가장 중요한 역할을 한 사람이 주공이다. 공자는 주공을 꿈에서도 그리워했다. 그래서 "꿈에서 주공을 뵙지 못한 지가 오래되었구나!"(논어 술이 편)라고 할 정도였다.

　주공은 주나라(기원전 1122-기원전 255)의 기반을 다지고 오늘날 한족(漢族), 한문화(漢文化)라고 통칭하는 중국 문명의 뿌리를 형성하는 데 큰 역할을 한 인물이다. 주나라 당시 중국에는 수천 개의 크고 작은 부락국가가 있었다. 그중에서 하나라와 은나라(상나라)의 세력이 가장 컸다. 주나라는 서북쪽 변방의 야만족이었는데 중국 땅으로 내려와 세력을 키워 은나라를 흡수한다. 주공은 은나라 문자인 갑골문자를 한자(漢字)로 발전시키면서 주나라 문화를 발전시키는 중요한 바탕을 마련했다. 《시경》, 《서경》, 《주역(역경)》, 《주례》 같은 주요 문헌도 주공을 통해 기본적인 내용이 정리됐다. 천하(天下)라는 말은 주나라의 통치 영역이 중국 전체가 되었음을 보여준다. 중국의 중심으로 등장한 넓은 땅을 다스리기 위해 주공은 봉건제도(封建制度)를 시행했다. 공자가 태어난 노나라도 이 같은 봉건제도에 따른 제후국이다.

태묘는 이런 주공을 모신 사당이므로 공자로서는 그 의미와 가치가 매우 특별했다. 제사 등 태묘에서 열리는 행사에 대해서는 누구보다도 공자가 구체적으로 잘 알았을 것이다. 그런데도 주변에 하나하나 물으면서 거듭 확인하는 태도는 주나라와 주공, 노나라에 대한 높은 공경을 보여주는 것이다.

향당 편의 기록자가 이런 사정을 몰랐을 리 없다. 그런데도 '입태묘, 매사문.'이라는 여섯 글자를 다시 말한 이유는 그 의미가 공자의 일상에서 너무나도 중요했기 때문일 것이다. 입(入)을 대개 어떤 장소나 공간 안에 들어가는 동작으로 풀이하는 데 의미를 더 깊이 살리는 게 적절하다. '입태묘'는 태묘에 들어가는 동작이라기보다는 태묘 안에서 몰입(沒入)하는 모습을 포함한다.

논어에서 "거듭 나왔다."라며 단순히 편집 착오처럼 여기는 내용은 이 구절과 함께 학이 편에 기록된 '교언영색 선의인(巧言令色, 鮮矣仁. 말을 교묘하게 하고 얼굴빛을 꾸미는 사람 중에 어진 사람은 드물다)'을 꼽을 수 있다. 양화 편에 같은 구절이 들어 있기 때문이다. 그래서 《논어집주》를 비롯해 대부분의 풀이가 "양화 편의 구절은 학이 편의 내용이 거듭 나온 것"이라고 한다. 거듭 나왔다는 것은 맞지만 단순히 편집이 잘못됐다고 하기에는 아쉬움이 남는다. 학이 편은 논어의 시작이고 양화 편은 논어의 끝부분인 17편이다. 논어 편집자들이 '교언영색 선의인'이라는 일곱 글자의 중복을 몰랐을 리 없다. 공자가 매우 강조한 내용이었으므로 중복 구절이지만 그대로 기록했을 수 있다. 교언영색은 논어 공야장 편에도 나온다. 교언영색이라는 말은 《서경》의 우서(虞書)와 주서(周書) 편에 나온다. 공자 당시 성어로 널리 알려진 말을 공자가 강조했을 것이다.

또 학이 편에서 인격 높은 사람(군자)의 자세로 "정성과 신뢰를 삶의 중심으로 삼고, 잘못이나 허물이 있으면 이를 고치는 데 머뭇거리지 않는다(主忠信, 過則勿憚改)."가 나온다. 이 구절도 자한 편에 들어 있다. 《논어집주》는 이를 "거듭나온 내용이다(重出)."이라고 하면서 별다른 설명을 하지 않는다. 이 또한 편집 착오가 아니

라 공자가 매우 중요하게 여긴 태도이므로 의도적으로
반복했을 수 있다. '주충신(主忠信)'은 논어 안연 편에도
공자의 말로 나온다. 단순히 반복되는 구절이 아니라
그만큼 중요하므로 거듭 나온 내용이라고 할 수 있다.

(入太廟, 每事問.)

[52]

친구가 죽어 장례를 치를 형편이 못 되면 주위 사
람에게 "우리 집에 빈소를 마련하십시오." 하고 말
했다.

벗을 대하는 도리에 대해 두 구절을 기록했다. 빈소
를 며칠 동안 마련하는지는 정확하게 알 수 없다. 삼년
상(三年喪) 시대였으므로 빈소를 마련하고 장례를 치를
때까지는 수십 일이 필요했을 것이다. 공자로서도 자기
집에 친구의 빈소를 차리는 일은 쉽지 않았을 것이다.

《논어집주》는 "친구는 의로움으로 맺은 관계이므로 죽어 의지할 곳이 없으면 빈소를 차려 주는 것이 마땅하다."라고 했다. 그렇지만 친구의 죽음에 문상하는 것과 자기 집에 빈소를 마련하는 것과는 큰 차이가 있다. 공자에게는 오랜 벗이라도 가족은 잘 모르는 사람일 수 있다.

여기서 친구가 누구인지는 알 수 없다. 혹시 논어에 기록된 원양(原壤)은 아닐까? 논어 헌문 편에는 공자가 오랜 고향 친구인 원양을 나무라면서 막대기로 무릎을 때렸다는 내용이 있다. 어릴 때부터 늙어서까지 밥값을 못하고 있다는 이유에서다. 오랫동안 벗으로 지낸 사이가 아니면 이런 행동을 하기 어렵다. 《예기》〈단궁 하편〉에는 원양에 대한 더 구체적인 기록이 있다. 원양의 어머니가 죽자 공자가 원양을 도와 장례를 치렀다. 그런데도 원양이 성의 없이 장례를 하자 공자 주변에서는 왜 저런 사람과 친구를 하느냐고 물었다. 공자는 "오랜 친구는 행동에 좀 문제가 있더라도 그 정을 쉽게 끊어서는 안 된다."라고 말한다.

원문의 귀(歸)는 '몸을 의지하다'의 뜻이다. 빈(殯)은 빈소(殯所, 장사 지내기 전에 시신을 관에 넣어 안치하는 곳)이다.

(朋友死, 無所歸, 曰, 於我殯.)

[53]

친구가 제사를 지낸 뒤 보낸 육류에 대해서는 허리 굽혀 공경을 나타냈다. 수레와 말은 보내주더라도 그렇게까지 하지는 않았다.

가까운 친구 사이에는 선물을 주고 받을 수 있다. 수레와 말은 당시 기준으로는 일상에 필수적인 것이므로 특별한 부담 없이 주고 받거나 했을 것이다. 돈으로 치면 제사용 고기보다는 수레와 말이 훨씬 비싸다. 그런데도 수레와 말은 담담하게 받은 데 비해 제사에 썼던 고기를 받을 때는 공손하게 예의를 갖췄다. 친구의 조상을 공자 자신의 조상과 대등하게 여긴다는 의미다.

원문의 배(拜)는 '삼가고 공경하다'의 뜻이다.

(朋友之饋, 雖車馬, 非祭肉, 不拜.)

[54]

편하게 휴식을 할 때도 축 늘어지는 모습을 하지
않았다.

침(寢)을 대개 '잠잘 침'으로 읽기 때문인지 이 구절을
《논어집주》를 비롯해 대부분 공자의 잠자는 모습으로
풀이한다. 시(尸)는 '시체 시'로 읽는다. 이에 따라 이 구
절은 "시체처럼 잠자지 않았다."라고 풀이해왔다. 영역
도 '시체 모습(posture of a corpse)'이다.

침(寢)은 대개 잠잔다는 뜻으로 쓰지만 누워서 휴식
하는 뜻도 있다. 휴식은 본인의 의지에 따라 자세를 일
정하게 만들 수 있다. 잠을 잘 때는 다르다. 잠이 들면

뒤척이며 동작이 이리저리 바뀔 수 있다. 이런 상황을 상상해보면 누군가 공자가 밤에 잠을 자는 모습을 지켜보고 있다가 그 상태가 어떤지 관찰한 뒤 기록했다고 하기 어렵다.

시(尸)를 시체 모습으로 풀이하는 것도 적절하지 않아 보인다. 시체가 어떤 모습인지 설명하기는 어렵다. 공자의 잠자는 모습을 시체라는 말과 연결하는 것도 어색하게 느껴진다. 尸는 상형문자인데, 사람이 눕거나 엎드려 손발을 쭉 뻗은 모양이다. 이 구절은 집에서 편하게 휴식하는 상태라 하더라도 손발을 쭉 뻗고 축 늘어진 모습을 하지 않았다는 의미라고 할 수 있다. 《논어집주》에는 이 구절을 "죽음을 나쁘게 여기는 것이 아니라 게으르고 거만한 기운이 몸에 퍼지지 않도록 하는 것이다."라고 했는데, 휴식하는 모습의 뜻을 너무 확대한 것으로 보인다.

(寢不尸.)

[55]

집에서 한가롭게 지낼 때는 부드럽고 느긋한 모습
이었다.

집에서 편하게 지낼 때의 모습이다. 조정에서 업무를
볼 때는 엄격한 예의에 따라 말과 행동을 해야 하지만
개인적인 일상에서까지 엄격하면 가족 등 가까운 주변
사람들에게 적잖은 부담을 줄 수 있다.

원문의 용(容)은 '치장하다, 몸을 꾸미다, 맵시를 내다'
의 뜻이다.

(居不容.)

[56]

부모나 조부모의 장례를 치르는 사람을 만나면
그가 평소 무례한 사람이더라도 깊이 슬퍼하는 표
정을 지었다.

《논어집주》 이후 이 구절의 뜻을 잘못 풀이하는 경우가 대부분이다. 《논어집주》를 포함해 대부분 '상복을 입고 장례를 치르는 사람을 보면, 그 사람이 평소 아주 친한 사람이라 하더라도 슬픈 표정을 지었다.'라고 풀이한다. 이는 우리말 표현에서 앞뒤가 맞지 않는다. 평소 아주 친한 사람의 장례라면 애도의 마음을 나타내는 것은 당연하기 때문이다.

원문의 '수압'(雖狎)에 대한 풀이가 그동안 정확하지 않았다. 압(狎)은 '지나칠 정도로 가깝다.'라는 뜻이다. 수압은 무람없음, 즉 어른이나 친한 사이에 버릇이나 예의가 없는 것이다. 이는 부정적 의미다. '그는 무람없이 구는 사람이다.'처럼 쓴다. 수(雖)는 '비록 ~ 하더라도'의 뜻이다. 어떤 대상이나 상황에 다소 부족한 점이 있더라도 긍정적인 측면을 드러내는 의미가 들어있다. 수압(雖狎)의 주어(주체)는 무엇인가? 대부분 수압하는 주체를 공자로 보았기 때문에 풀이의 앞뒤가 맞지 않게 된 것이다. 공자의 행동을 관찰해 향당 편에 기록한 사람의 입장에서 볼 때도 공자에게 압(狎)이라는 부정적 표현을 쓰는 것은 상황에 맞지 않는다.

여기서 수압하는 주체는 부모나 조부모의 장례를 치르는 사람이다. 공자가 평소 잘 아는 사람일 것이다. 그 사람의 평소 행동에서 무례를 느꼈더라도 상복을 입고 장례를 치르는 모습을 보면 슬픔으로 공경을 나타내는 것이다.

(見齊衰者, 雖狎, 必變.)

[57]

관복을 입은 사람이나 음악을 담당하는 시각장애인 공직자를 만나면 그가 평소 무례한 사람이더라도 공경하는 뜻을 나타냈다.

이 구절도 마찬가지다. 설(褻)은 '더럽다'가 기본 의미인데, 무람없다 또는 업신여기다의 뜻이 있다. 압(狎)과

바꿔 쓸 수 있다. 《논어집주》를 비롯해 대부분 '평소 친한 사람이라도 관복을 입었거나 앞을 못 보는 사람을 만나면 예의를 갖추었다.'로 풀이한다. 설(褻)의 주체를 공자로 보는 것이다. 그렇게 하면 내용상 앞뒤가 맞지 않게 된다. 평소 잘 아는 사람이라면 예의를 갖추는 것이 당연하기 때문이다. 여기서도 '수설'(雖褻)은 '공자가 아는 그 사람이 평소 무람없이 가벼운 사람이라 하더라도'로 풀이해야 적절하다. 태도와 행동에 다소 부족한 점이 있어도 그가 나라를 위해 일하는 사람이거나 눈이 멀어 앞을 못 보는 사람이라면 예의를 갖춘다는 것이다. 이런 사람에게 공자가 특별히 예의를 갖춘 이유는 앞을 못 보는 사람 중에 음악을 담당하는 관리가 많기 때문일 것이다. 예의와 음악, 즉 예악(禮樂)은 일상을 바르게 가꾸는 데 필요한 두 기둥이다. 공자는 예악을 매우 중요하게 여겼고 음악에 뛰어난 실력을 갖췄다.

원문의 고(瞽)는 시각 장애를 가진 사람의 뜻이지만 음악을 담당하는 악인(樂人)이나 악관(樂官)의 뜻이 있

다. 설(褻)은 '무람없다, 버릇없다, 예의없다, 업신여기다'
의 뜻으로 압(狎)과 같다. 모(貌)는 행동에 공경스러움
을 나타내는 태도이다.

(見冕者與瞽者, 雖褻, 必以貌.)

[58]

수레를 타고 가다가 장례를 치르는 사람을 지나칠
때는 머리 숙여 예의를 보였다.

식(式)은 수레를 탔을 때 손으로 잡을 수 있도록 가로
지른 나무막대기다. 이것이 없으면 달리는 수레에서 몸
의 균형을 잃을 수 있다. 요즘 군대에서 장병을 사열할
때 지휘관이 덮개 없는 지프 자동차를 타는 모습을 볼
수 있다. 이때 왼손은 지프에 가로지른 막대기 같은 것
을 잡고 오른손을 이마에 대는 거수 경례를 한다. 공자
의 모습도 이런 상황과 비슷하다. 식(式)이 없으면 고개

숙여 인사를 하기 어렵다. 수레가 울퉁불퉁한 길을 가고 있어 적잖이 흔들리기 때문이다. 세상을 떠난 사람에 대한 공경의 마음이다.

원문의 식(式)은 식(軾)과 같다. 수레의 앞쪽에 가로질러 놓은 나무로, 수레에 탄 사람이 여기에 손을 얹고 몸을 의지하면서 공경하는 예의를 나타낸다. 이런 의미에서 머리를 숙여 경의를 표하다, 본받아 따르다, 본보기, 표준, 법규, 제도 같은 뜻이 나온다. 식려(式閭)라는 말이 있는데, 어질고 덕행이 높은 사람이 사는 마을을 수레를 타고 지나갈 때는 고개 숙여 예의를 갖춘다는 뜻이다.

(凶服者, 式之.)

[59]

나라의 행정에 필요한 문서 꾸러미를 운반하는 사람을 지나칠 때도 수레 위에서 허리 숙여 예의를 보였다.

부판(負版)의 뜻이 무엇인지 정확하게 알기 어렵다. 부(負)은 등에 짐을 지는 모습이므로 문제 될 것이 없다. 판(版)의 기본 의미는 널빤지이다. 널빤지로 된 어떤 물건을 등에 짊어지고 가는 사람이나 모습을 부판(負版)이라고 한 것이다. 널빤지의 물건이 무엇인지에 대해 장례에 필요한 물건으로 보는 경우와 백성의 이름을 기록한 호적부(戶籍簿)라는 풀이가 있다. 《논어집주》는 호적부라고 했는데, 이것이 상황에 적절해 보인다. 장례에 필요한 물건이라고 하면 앞 구절에서 이미 장례와 관련해 식(式)의 예의를 말했는데 이 구절에서 거듭 말할 필요가 없을 것이기 때문이다. 호적부는 나라에 어떤 사람이 얼마나 살고 있는지를 파악하는 매우 중요한 문서이다. 이런 문서를 운반하는 사람을 볼 때도 수레를 타고 가면서 특별히 예의를 갖추었다고 풀이하는 것이 적절하다.

(式負版者.)

[60]

좋은 음식을 대접 받으면 정중한 표정으로 예의를
나타냈다.

사구는 높은 관직이다. 그래서 주변 사람들이 사사롭
지 않은 차원에서 공자에게 식사를 대접하는 경우가 더
러 있었을 것이다. 이런 경우 그저 당연하다는 듯이 음
식을 받아먹는 것이 아니었다는 모습을 기록한 것으로
느껴진다. 표정과 몸짓에 음식에 대한 고마움을 충분
히 나타낸 것이라고 하겠다.

(有盛饌, 必變色而作.)

[61]

우레가 치고 비바람이 심할 때는 몸가짐을 바르게
하였다.

《논어집주》는 이 구절을 '하늘의 분노에 조심하는 것이다(敬天之怒).'이라고 풀이한다. 대략 통하지만 의미가 깊지 않다. 《예기》〈옥조 편〉에 관직이 높은 사람의 생활에 대해 "천둥 번개가 치고 비바람이 심하면 반드시 얼굴빛을 바꾼다. 밤에 자다가도 일어나 옷을 바르게 입고 앉는다."라고 했다.

천둥 번개 같은 자연현상에 대해 걱정하는 표정을 짓고 몸가짐을 바르게 한다고 해서 특별히 달라질 것은 없다. 그러나 삶에 위협적으로 느껴지는 이 같은 자연현상에 대해 바른 자세를 갖고 마음을 다잡는 정서가 매우 중요하다. 사람들의 삶, 즉 농경 사회에서 살아가는 삶에 부정적인 영향을 미치지 않았으면 하는 바람이 이 같은 행동에 스며 있다고 할 것이다. 가뭄이나 홍수, 지진 같은 천재지변은 삶을 파괴하기 때문이다. 이처럼 세상을 걱정하는 마음, 즉 우환의식(憂患意識)이 깊어야 천재지변이 있을 때 구체적으로 대처하는 태도가 가능할 것이다.

원문의 변(變)은 그냥 변하고 달라지는 것이 아니라 바르고 새롭게 바꾸는 모습이다.

(迅雷風烈, 必變.)

[62]

수레를 탈 때는 바른 자세로 오른 뒤 끈을 쥐고 중심을 잡았다. 수레 안에서 두리번거리지 않았고, 급하게 이런저런 말을 하지 않았고, 손가락질을 하지 않았다.

말이 끄는 수레는 당시 가장 중요한 교통 수단이었으므로 탑승 예의도 구체적이었다. 《주례》에 따르면 수레는 전차용, 사냥용, 일반승용 등 6종류가 있었다. 바퀴가 가장 중요한 부품이므로 이를 만드는 기술자인 윤인(輪人) 직책이 있었으며 바퀴 제작 방식을 자세히 기록되어 있다. 그 외 수레 부품을 만드는 여인(輿人)이라는 직책이 있었다. 왕이 타는 수레는 장식을 어떻게 하느냐에 따라 옥로(玉輅) 등 5가지 종류가 있었다.

말을 다루고 수레를 모는 것은 요즘의 운전면허처럼 당시 일상에서 통상적으로 할 수 있는 일이었을 것이다. 논어 자한 편에, 어떤 사람이 공자를 가리켜 "공자가 박학다식하여 대단하다고 하는데도 정작 명성을 떨치는 분야는 없지 않느냐."라고 했다. 이 말을 들을 공자는 "활쏘기와 수레 몰이 두 가지로 이름을 낼 수 있지만 수레몰이(執御)로 이름을 낼 수 있다."라는 내용이 나온다. 공자가 활쏘기와 수레몰이에 상당한 실력을 갖췄음을 알 수 있다. 공자 시대에는 문무(文武)가 통합된 모습이다. 이후 문무는 질적으로 서로 다른 영역처럼 분리돼버렸다.

이 구절은 수레가 일상에서 소중한 만큼 수레를 이용하는 예의도 중요하다는 모습을 보여준다. 여기서 수레는 서서 타는 방식이 아니라 가마처럼 방이 있는 제법 큰 수레일 것이다. 수레 안에서 경솔하게 움직이는 태도는 예의가 아니라는 뜻이다. 《논어집주》에는 이런 행동을 "체면에 어긋나고 다른 사람을 헷갈리게 한다 (失容惑人)."이라고 한다.

수레는 지금 시대의 자동차와 마찬가지 역할을 했으므로 교통 수단에 대해 가져야 할 마음가짐으로는 보편적 의미가 있다. 《춘추좌씨전》에 "공경은 예의를 싣는 수레이다(敬禮之輿).", "사람들에게 좋은 평가를 받는 것은 인품을 싣는 수레이다(令名德之輿)." 같은 구절이 나온다. 수레를 활용한 좋은 비유다.

원문의 수(綏)는 수레의 손잡이 줄이다. 수레를 탈 때나 수레 안에서 설 때 이것을 잡는다. 몸의 균형을 잡는 데 필요하다. 여기서 '편안하다'의 뜻도 나온다. 내 (內)는 안(내부)의 뜻이 아니라 '몰래'의 뜻이다. 내고(內顧)는 고개를 돌려 여기저기 기웃거리듯 보는 의미이다. 질(疾)은 '빠르다'의 뜻이다. 질언(疾言)은 빨리 경솔하게 말하는 모습이다. 지(指)는 손가락 또는 발가락이다. 손가락으로 무엇을 가리키는 것은 얼마든지 할 수 있지

만 여기서는 여기저기 손가락질을 하는 경솔한 모습을
의미한다.

(升車, 必正立 執綏. 車中, 不內顧, 不疾言, 不親指.)

[63]

까투리가 인기척에 놀라 날아올랐다가 내려와 앉
았다. 이를 보고 "산골짜기 나무다리에 앉은 까투
리야! 좋은 때를 만났구나! 좋은 때를 만났구나!"
하고 말했다. 성격이 급하고 용맹한 제자 자로가
꿩을 잡으려고 다가갔다. 까투리는 인기척을 느끼
다가 날아올랐다.

이 구절은 향당 편 전체에서 명확하게 풀이하기가 상
당히 곤란한 내용으로 꼽힌다. 앞뒤에 빠진 글자가 있
다는 의견, 일부 글자를 다른 글자로 바꿔야 한다는 의
견, 향당 편의 성격과 맞지 않다는 의견이 있다. 그러나

고전의 문헌 해석은 아주 특이한 경우가 아니라면 있는 그대로 풀이하는 것이 적절하다.

《논어집주》를 비롯해 이 구절은 대체로 다음과 같이 풀이해왔다. 산에서 까투리를 본 공자가 까투리의 모습을 칭송하자 제자 자로가 그것을 잡아다가 삶아 드렸고, 공자는 그 꿩을 세 번 냄새만 맡은 뒤(즉 먹지 않고) 일어섰다는 것이다. 또는 자로가 꿩에게 다가가자 꿩은 몇 번 날갯짓을 하면서 날아가 버렸다는 것이다.

앞의 풀이는 어색할 뿐 아니라 의미를 찾기도 어렵다. 공자가 칭찬한 꿩을 자로가 잡아 삶았고, 공자는 냄새만 맡았을 뿐 먹지 않고 일어나버렸다는 것이다. 이는 무엇을 말하려는 것인지 짐작하기가 매우 어렵다. 이 구절의 상황은 인기척에 놀라 날았던 까투리가 다시 숲에 앉았는데, 자로가 다가가자 인기척을 느껴 날개를 몇 번 퍼득이며 날았다는 것이 적절한 설명이라고 할 것이다.

이 구절의 풀이가 그동안 애매모호했던 이유는 '공(共)'과 '후(嗅)'라는 글자 때문이다. 공(共)은 주로 '함께 하다', '바치다'의 뜻으로 쓴다. 이 뜻으로 하면 자로가 꿩을 공자에게 삶아 바쳤다는 식으로 이해하게 된다. 共에는 '향하다'의 뜻이 있다. 논어 위정 편 첫 구절에 공자의 말로 기록된 용례가 있다. "정치를 덕으로 한다는 것은 제자리에 있는 북극성을 주변의 뭇별이 향하는 것과 같다(衆星共之)."는 구절이 그것이다. 자로공지(子路共之)도 '자로가 꿩을 향해 가다'로 풀이하는 게 적절하다.

'후(嗅)'는 냄새를 맡는다는 뜻이다. 냄새를 맡는 주체는 누구인가? 자로가 요리한 꿩을 공자가 냄새만 맡고 먹지 않았다는 풀이는 어색하다. 꿩을 잡은 행위 자체가 잘못이라면 냄새를 맡는 행위 또한 부적절하기 때문이다. 냄새를 맡는다는 것은 어떤 낌새를 알아차린다는 의미와 통한다. 여기서는 자로가 다가오는 낌새를 꿩이 알아차렸다는 맥락이 적절하다. 삼(三)은 세(3) 번

공자의 일상 공경-논어 향당 편

이 아니라 어림수로 '몇'의 뜻이다. 까투리가 몇 번 머리를 돌리면서 인기척을 아는 동작으로 볼 수 있다. 《논어집주》에는 이 '嗅'는 '알(戛, 가볍게 두드리는 동작)' 또는 '격狊, 새가 날개를 펴는 모양)'으로 써야 한다는 주석을 소개했다. 그것이 맞을 가능성이 있고, 嗅 대신 戛이나 狊을 쓰면 뜻을 분명하게 하는 데는 도움이 된다. 그러나 원문 글자를 마음대로 바꿀 수는 없다.

이 구절에서 가장 중요한 부분은 공자가 까투리를 보면서 "좋은 때를 만났구나(時哉)!"라고 말한 것이다. 까투리의 자연스러운 움직임을 있는 그대로 존중하면서 칭찬하는 말이라고 할 수 있다.

여기서 공자가 보인 행동을 이해하기 위해서는 《대학》〈전3장〉에 나오는 다음 내용을 함께 음미할 필요가 있다. "시(시경)에, '꾀꼴 꾀꼴, 저 꾀꼬리. 언덕 구석에 머무는구나.'라고 했다. 공자가 이에 대해 '꾀꼬리도 머물러야 할 곳을 아는데, 사람이 저 새보다 못하면 되겠는가.'"라고 했다. 이 시는 《시경》〈소아 편〉에 실려 있는'면 만(작은 새의 울음)'이다. 이어지는 내용은 《시경》〈대아 편〉의 '문왕'이 나온다. 주나라를 세운 문왕의 자세는 '공경스러움을 추구하고 그 차원에 머무름(敬止)'이라는 내용이다.

공자는 까투리와 꾀꼬리의 모습에서 보는 '바람직한 상태에 머묾'을 사람됨의 머묾에 연결하고 있다. 이런 새가 자기 자리에 머물 듯 사람은 어짊(仁), 공경(敬), 자애(慈), 효도(孝), 신뢰(信) 같은 올바른 사람됨의 차원을 추구하여 머물러야 한다는 것이다.

원문의 색(色)은 모양이나 상태이다. 새 입장에서 보면 사람의 기색(인기척)이다. 산량(山梁)은 산골짜기에 건너지른 다리이다. 시(時)는 '때맞추다, 좋다, 훌륭하다'의 뜻이다.

(色斯擧矣, 翔而後集. 曰, 山梁雌雉, 時哉時哉. 子路共之, 三嗅而作.)

2. 《논어》 전체에 나타난 공자 일상

현존하는 논어 20편은 2,000년 이상 이어지고 있으므로 내용을 바꿀 수는 없다. 기록의 방식이나 분위기 등에 의심스러운 부분이 보이지만 지금으로서는 어쩔 수 없다. 논어 전체에서 논어의 성격과 가장 동떨어진 구절은 〈계씨 편〉에 기록된 다음 내용일 것이다. "임금의 아내를 임금이 부를 때는 부인(夫人)이라고 한다. 부인 스스로는 소동(小童)이라고 부른다. 그 나라 사람들은 군부인(君夫人)이라고 부른다. 다른 나라 사람에게 일컬을 때는 과소군(寡小君)이라고 부른다. 다른 나라 사람이 부를 때는 군부인(君夫人)이라고 한다."일 것이다. 이런 구절은 공자와의 연관성도 전혀 없을 뿐 아니

라 내용도 논어 전체의 성격과 맞지 않는다. 그렇더라
도 이런 구절을 논어에서 빼버릴 수는 없다. 논어의 편
집 과정이 오랜 세월에 걸쳐 매우 복잡했기 때문이다.

이와 같은 관점에서 〈향당 편〉에 편집됐으면 적절할
것으로 판단되는 구절이 논어 전체에 흩어져 기록되어
있다. 이런 구절을 〈향당 편〉으로 옮길 수는 없지만 함
께 음미하면 공자의 일상생활과 유학의 특징을 파악하
는 데 도움이 된다. 제자 등이 공자의 언행을 관찰한
경우로, 다음과 같은 내용이 그것이다.

• 제사는 함께 있는 것처럼 지낸다. 조상의 제사는
  조상이 함께 있는 것처럼 모셨다.

제사의 핵심은 정성과 공경이다. 조상이든 산천의 신
이든 그들의 존재를 논리적으로 증명하는 것이 아니라
함께한다는 정서적 느낌이 중요하다. 여(如)라는 말이

매우 중요하다. 如는 '~처럼 같이(같도록) 한다'의 뜻이다. 이는 조상의 귀신이 나의 일상을 떠나 어떤 다른 세계에 객관적 실체로 있다는 의미가 아니다. 신(神)은 공자 자신과 교감(交感)하는 그 순간에 비로소 느껴진다는 의미다. 신의 존재를 부정하지 않으면서 일상과 연결하는 차원을 나타낸다. 정성과 공경이라는 일상의 마음가짐이 제사에서 본질을 이룬다는 점을 보여준다.

이런 데서 공자의 미묘한 균형감각을 느낄 수 있다. 조상의 혼(귀신)을 공경하면서도 그렇다고 거기에 쏠리지 않는'경원'(敬遠. 논어 옹야 편)의 차원이다. 논어 선진 편에서 "귀신을 어떻게 모셔야 하며 죽음이란 무엇입니까?"라는 제자의 질문에 대해서도 공자는 "사람을 어떻게 섬겨야 하는지 아직 부족하고 삶이 무엇인지 모르는데 어떻게 죽음을 알겠는가."라고 답한다. 귀신과 죽음을 존중하면서도 일상의 삶의 무게 중심에서 벗어나지 않도록 오묘한 균형을 취하는 것으로 볼 수 있다. 지나침과 모자람의 균형을 잡으려는 과유불급(過猶不及. 선진 편)도 같은 맥락이다.

(祭如在, 祭神如神在.)(팔일 편)

• 나라의 사당인 태묘에 들어가 제사 지낼 때는
  모든 절차를 일일이 물었다.

제사를 어떻게 해야 하는지 몰라서 묻는 것이 아니
다. 노나라 시조인 주공(周公)을 모신 사당이다. 주공은
공자가 꿈에서도 그리워한 인물이다(논어 술이 편). 주공
을 생각하면서 제사 절차의 하나하나를 묻고 확인하는
것은 공경을 드러내는 행동이다. 제사의 예(禮)는 이미
정해진 내용에 따라 진행하는 고정된 절차가 아니라 제
사를 지내는 주체의 실존적 물음의 순간에 하나하나
실현된다는 것을 보여준다. 이 구절은 향당 편에도 나
온다. 단순히 거듭 실려 있는 것이 아니라 공자의 행동
과 관련해 매우 중요하므로 거듭 강조한 것으로 볼 수

공자의 일상 공경-논어 향당 편

있다.

(子入大廟, 每事問.)(팔일 편)

• 제사를 앞둔 몸가짐과 삶을 파괴하는 전쟁과 건
  강을 해치는 질병에 매우 신중했다.

모두 일상을 긍정하고 존중하며 공경하는 태도에서
나온다. 음식을 함부로 먹고 탈이 나는 것도 일상을 공
경하지 않는 태도이다. 향당 편에는 공자가 음식을 대
하는 내용이 구체적으로 기록되어 있다. 이는 공자의
까다로운 식성이 아니라 음식 때문에 병에 걸리지 않아
야 일상을 정상적으로 이어갈 수 있다는 맥락이라고
할 수 있다.

(子之所愼, 齊戰疾.)(술이 편)

- 시서(시경 및 서경)를 읽을 때와 예의에 관한 일은 발음을 정확하게 했다.

시경과 서경(공자 때는 시서(詩書)로 불림)은 당시 확실하게 전해오던 문헌이었다. 사람의 정서와 공동체의 올바른 정치를 위해 매우 중요하게 여긴 문헌이다. 예의는 일상생활과 제사 의식 등에 특별한 의미를 갖는다. 공자는 이런 일에 대해 조금도 소홀하지 않도록 정확하게 말했다.

(子所雅言, 詩書執禮, 皆雅言也.)(술이 편)

- 괴상한 일, 난폭한 일, 어지러운 일, 생각하기 어려운 일에 대해서는 말하지 않았다.

이런 일들은 건전한 일상과는 동떨어진 것이다. 신(神)을 대개 '귀신'이라고 풀이하는 데 이는 정확하지 않다. 논어에는 신(神)이 17회 언급되므로 "괴력난신을 말하지 않았다."라고 풀이할 수 없다. 여기서 신(神)은 제사의 대상인 신이 아니라 불가사의하여 일상의 생각으로는 헤아릴 수 없는 것을 가리킨다. 공자는 "이단에 치우친 생각이나 태도는 해롭다."(논어 위정 편)라고 했는데, 여기서 이단(異端)은 일상과 동떨어진 생각이나 태도이다. 괴력난신은 일상의 중용에서 멀어지므로 이단, 즉 극단적인 무엇이다. 그러나 공자가 숨진 뒤 맹자는 묵자 등 유학(유교) 이외 사상을 강하게 배척했다. 송나라 유학인 주자학(성리학)은 도교(도가)와 불교를 이단 사상(異端之說)으로 명확하게 규정한다. 이는 이단 개념의 변질이며 공자의 유학이 점점 배타적으로 좁아지는 모습을 보여준다.

(子不語, 怪力亂神.)(술이 편)

• 교육은 네 가지를 중시했다. 전해오는 문헌, 실

천하는 노력, 정성스러운 태도, 신뢰 있는 행동
이다.

문(文)은 시서(시경과 서경)를 기반으로 하는 온고지신
이다. 일상에서 사람됨의 기준은 언행의 정성과 신뢰를
실천하는 것이다.

(子以四教, 文行忠信.)(술이 편)

• 낚시질을 했으나 그물질은 하지 않았다. 둥지에
서 잠자는 새는 활을 쏘아 잡지 않았다.

낚시로 물고기를 잡거나 활로 새를 잡는 것은 작은
사냥의 일종이다. 식용으로 필요한 일이기도 하다. 그럼
에도 물고기나 새를 잡는 방식을 이처럼 구분한 이유
는 공경의 정서를 나타낸다. 그물로 물고기를 싹쓸이하
거나 잠자는 새를 화살을 쏘아 잡는 행위는 차마 그렇

게 하기 어려운 감정이다.

(子釣而不網, 弋不射宿.)(술이 편)

• 다른 사람과 노래를 부를 때, 그 사람이 잘 부르
  면 한 번 더 부르게 한 다음 함께 호흡을 맞춰
  노래를 불렀다.

공자가 음악과 노래에 높은 수준의 실력을 갖췄다는
것은 문헌을 통해 확인된다. 사마천은 《사기》〈공자세
가〉에서, 시경에 수록된 305편의 시를 모두 거문고로
연주한 뒤에 분류하고 편찬했다고 기록했다. 이 구절에
서 어떤 사람의 노래를 반복해서 들었던 이유는 멋있
게 부르는 그 노래 솜씨를 공경하는 의미라고 할 수 있
다. 자신이 아무리 노래를 좋아하고 잘 부르더라도 다
른 사람의 노래부터 존중하는 맥락이다.

(子與人歌而善, 必使反之, 而後和之.)(술이 편)

• 집에서 한가롭게 지낼 때는 편안하고 느긋한 모
  습이었다.

  향당 편에 같은 내용이 들어 있다. 공적(公的)인 일상
과 사적(私的)인 일상은 영역이 다르다. 조정에 나가 공
무를 볼 때는 업무에 충실하고 집에서 일상을 보낼 때
는 편안한 언행으로 사람들과 어울리는 모습이 바람직
할 것이다.

  (子之燕居, 申申如也, 夭夭如也.)(술이 편)

• 온화하면서도 엄숙했다. 위엄이 있으면서도 까
  다롭지 않았다. 공손하면서도 편안했다.

  공적 영역이든 사적 영역이든 언행의 적절한 차원을
보여준다. 이런 양면적 모습이 대립적이지 않고 조화를
이루는 태도는 매우 어렵다. 중용에 닿는다.

(子, 溫而厲, 威而不猛, 恭而安.)(술이 편)

• 이로움과 운명과 어짊에 대해서는 자세하게 말
  하지 않았다.

이 구절은 예로부터 명확하게 풀이한 경우가 드물었
다. 짧은 표현에 이(利), 명(命), 인(仁) 같은 추상적인 개
념이 섞여 있기 때문이다.

여기서 어려운 점은 이(利)의 이해이다. 利는 대개 '이
익'이라는 뜻으로 이해하면서 다소 부정적인 느낌을 갖
기 쉽다. 利에는 사사로운 개인적 이익이 아니라 만물
을 이롭게 하는 덕성이라는 깊은 뜻이 있다.《주역》(周易)
의 첫 구절인 건괘(乾卦, 하늘의 이치)는 '원형이정'(元亨利
貞, 하늘이 만물을 성장시키는 네 가지 원리)이다. 〈건괘 문언
전〉은 利를 '올바른 조화'(義之和)라고 풀이한다. 개인적
인 이익이라는 뜻과는 전혀 다르다.

이 논어 구절에서 공자의 언행을 기록한 사람이 利를 어떤 의미로 사용했는지는 알 수 없다. 여기서 利를 단순히 어떤 이익을 구하는 태도로 이해하면 이 구절은 풀이하기가 매우 어렵다. 한언(罕言)도 '드물게 말했다'보다는 '자세하게 말하지는 않았다'로 풀이하는 것이 적절하다. 이(利), 명(命), 인(仁) 같은 개념은 삶의 태도에서 느끼는 것이지 개념적 설명으로 이해하는 차원이 아니기 때문이다.

(子, 罕言利與命與仁.)(자한 편)

- 네 가지 태도가 전혀 없었다. 나쁜 욕심을 부리지 않았다. 자기만 옳다고 강요하지 않았다. 완고하게 고집을 피우지 않았다. 자기 자신을 중심으로 내세우지 않았다.

이는 공자의 태도가 유연하고 개방적이었다는 점을 관찰한 것으로 보인다. 추상적인 표현이지만 논어 전체에서 공자의 태도와 관련해 가장 깊은 차원을 나타내는 것이라고 할 수 있다. 공자가 자기 자신을 좁은 틀속에 가두지 않았다는 것을 느낄 수 있다.

절(絶)은 어떤 것이 전혀 없다고 강조하는 표현이다. 무(毋)는 無(무)와 같다. 의(意), 필(必), 고(固), 아(我)는 대개 부정적인 뜻으로 쓰지 않지만 여기서는 부정적으로 쓰였다. 의(意)는 사사로운 욕망, 필(必)은 기필코 이루려는 욕망, 고(固)는 완고하여 배타적인 고집, 아(我)는 자기 생각을 굽히지 않는 외고집을 뜻한다.

(子絶四. 毋意, 毋必, 毋固, 毋我.)(자한 편)

• 부모의 장례를 치르는 사람, 공직자의 관복을 입은 사람, 앞을 보지 못하는 사람을 만나면 나이가 어리더라도 반드시 일어나 예의를 보였다. 그들 옆을 지날 때는 머뭇거리지 않았다.

장례에 대해 같이 슬퍼하는 마음, 나라 일을 담당하는 공직자를 존중하는 마음, 장애인에 대한 배려의 정서를 보이는 것이다. 향당 편에 비슷한 내용이 기록되어 있다. 논어 위령공 편에 공자가 시각장애인 악사(樂師)를 세심하게 배려하는 장면이 나온다. 모두 공경의 자세이다.

(子, 見齊衰者, 冕衣裳者, 與瞽者, 見之, 雖少, 必作, 過之必趨.)(자한 편)

• 자공이 말했다. 문헌에 대한 공부는 선생님으로 부터 받을 수 있었다. 사람의 본성이나 하늘의 이치에 관한 말씀은 듣지 못했다.

사람의 본성이나 하늘의 이치 같은 내용은 추상적이어서 일상과 동떨어지기 쉽기 때문일 것이다. 문장은 시경과 서경 같은 문헌, 예악 제도를 가리킨다. 논어에

성(性)은 2회, 천도(天道)는 이곳에서 1회 나온다. 공자가 일상의 구체적 현실을 중시했음을 알 수 있다.

성(性)과 관련해 논어에서 주목할 공자의 말은 "사람의 성품은 본래 서로 가깝다. 후천적인 공부나 환경에 따라 서로 멀어진다(性相近, 習相遠. 양화 편)."이다. 성품을 가깝고 멂의 관계로 볼 뿐 선악(善惡)의 관계로 말하지 않는다. 그런데 성리학(性理學) 또는 주자학(朱子學)으로 불리는 송나라 유학과 조선시대 유학은 공자가 거의 말하지 않은 추상적이고 관념적인 성리(性理)를 유학의 핵심으로 삼았다. 이는 성리학이라는 유학이 공자의 유학과는 점점 멀어지면서 변질됐다고 볼 수 있다.

이 구절은 공자의 사상과 관련해 매우 중요하지만 한 가지 생각해볼 측면이 있다. 공자가 자공이라는 제자의 특징을 고려해 사람의 성품이나 하늘의 이치 같은 형이상학적 차원의 이야기는 그에게 별로 하지 않았는지 아니면 제자들 누구에게나 이런 말을 하지 않았는지는 알 수 없다. 논어에는 공자가 제자의 개성에 따라 이야

기의 내용과 방식을 다르게 하는 경우를 많이 볼 수 있
다. 가령 성격이 자공과 매우 다른 안회에게는 본성이
나 하늘의 이치에 관한 말을 했을 수 있다.

(子貢曰. 夫子之文章, 可得而聞也. 夫子之言性與天道, 不可
得而聞也.) (공야장 편)

- 장례 중인 사람의 곁에서 식사를 할 때는 음식
  을 절제했다. 빈소에 문상한 날에는 노래를 부르
  지 않았다.

장례에 대한 경건한 모습이다. 싫증 날 정도로 물리
다, 배부르다는 뜻인 포(飽) 때문에 이 구절을 대개 "배
부르게 먹지 않았다."고 풀이하는데, 매끄럽지 못하다.
장례를 치르는 사람 옆에서 배부르게 먹는 사람은 거의
없을 것이기 때문이다. 음식을 삼가고 절제했다는 느낌
을 살리는 게 좋을 것이다. 노래를 무척 좋아한 공자지

만 문상을 한 날에는 삼가는 자세 또한 경건하게 공경하는 태도다.

(子, 食於有喪者之側, 未嘗飽也. 子, 於是日, 哭則不歌.)(술이 편)

부록

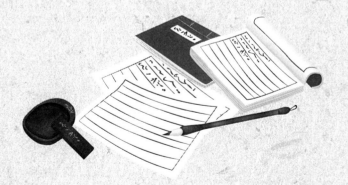

《퇴계선생언행록》의 퇴계 일상

　《퇴계선생언행록》(退溪先生言行錄)은 퇴계가 세상을 뜬 뒤 제자들이 평소 퇴계가 보여준 언행을 기록으로 남긴 것이다. 6권으로 구성된 언행록은 퇴계의 삶과 사상을 생생하게 살펴볼 수 있는 문헌이다. 다음은 제자들이 기록한 퇴계의 일상 모습 중에서 음미하면 좋을 내용을 정리한 것이다. 퇴계는 제자들에게 "일상생활을 떠나 어디에 사람다움의 도리가 있겠는가(豈日用事物之外, 別有一種他道理乎)."라고 했다.(《언행록》, 1권 교인(教人)편). 나는 퇴계의 삶과 사상의 참모습은 사단칠정론 같은 이론이 아니라 그의 일상에서 찾을 수 있고, 이는 공자의 참모습에 가깝다고 생각한다. 괄호 안 이름은 기록한 제자다.

- 새벽이면 일어나 세수하고 머리 빗고 옷차림을 바르게 한 다음, 종일 책을 보았다. 때로는 향을 피우고 바르게 앉아 명상을 하였다. 해가 막 떠오르듯 마음을 성찰하여 가다듬었다. (김성일)

- 글을 읽을 때는 단정하게 앉아 또박또박 소리를 내었다. 글자마다 뜻을 찾고 구절마다 의미를 살폈다. 정밀하게 파악하는 자세가 이와 같았다. (김성일)

- 일상생활의 말과 행동은 쉽고 분명하여 현실과 동떨어지지 않았다. 모든 행동이 예의에 맞아 훌륭함이 느껴졌다. (김성일)

- 겸허하여 털끝만큼도 뽐내는 마음이 없었다. 유학(유교)의 도리에 이미 밝았지만 여전히 부족해 하는 것처럼 보였다. 덕성이 이미 높았으나 여전히 이룬 것이 부족한 듯 아쉬워하는 모습이었다. 사람됨의 높은 경지를 추구하는 태도는 돌아가실 때까지 한결같았다. (김성일)

- 충실하게 수양하는 태도가 깊어 어떤 일을 하더라도 여유롭게 대처하였다. 급한 일이라도 마음 가짐이 차분하여 어지럽게 하지 않았다. (김성일)

- 조용히 계실 때든, 다른 사람과 말씀을 나눌 때든, 애써 위엄을 꾸미거나 게으른 모습을 보이지 않았다. 항상 한결같았다. (우성전)

- 자신을 바르게 하는 일은 엄격했지만 그렇다고 까다로운 행동을 하지는 않았다. 자신을 수양

하는 데 마음을 쏟을 뿐 다른 사람의 잘못을 입에 올리지 않았다. 다른 사람의 좋은 점을 따르는 데 적극적이었고 자신의 부족한 점을 감추지 않았다. 사람을 마주할 때는 온화했다. 아랫사람을 대할 때는 너그러웠다. (우성전)

- 제자를 가르치는 일에 싫증을 내거나 게으르지 않았다. 벗처럼 마주하였고 스승이라고 내세우지 않았다. 공부하는 선비들이 멀리서 찾아와 의문이 나는 내용을 물으면 그들의 공부 수준에 맞춰 대답해주었다. (김성일)

- 나에게 주신 가르침은 뜻을 두텁게 세우는 것과 언행이 일치해야 한다는 것이었다. 다정하고 친절한 말씀은 자신의 인격을 위한 절실한 내용으로 느껴졌다. (조목)

- 사람을 가르칠 때는 정성과 신뢰, 두터운 인정, 겸손한 태도, 삼가는 공경을 근본으로 하였다. (우성전)

- 배우는 사람이 몸가짐에 대해 도움을 청하면 그 사람의 자질을 살펴 말해주었다.깨닫지 못하는 점이 있으면 거듭 자세히 설명하여 충분히 이해하도록 애썼다. 돌아가시기 전 달, 이미 병이 깊었는데도 학생들과의 강론은 평소와 다름없었다. (김성일)

- 배우는 사람들과 공부하다가 의심나는 부분이 생기면 자기 의견을 고집하지 않고 반드시 여러 사람의 생각을 채택하였다. 토론할 때는 기운이 따스하고 말씀은 분명하고 이치가 밝고 가지런했다. 대화를 나눌 때는 상대방의 말이 끝난 다음, 천천히 분석하여 의견을 제시했으나 반드시 그것이 옳다고 단정하지 않았다. 내 생각은 이

러한데 어떤지 모르겠다고만 하였다. (김성일)

• 사람들과 토론하다가 생각이 서로 맞지 않으면 혹시라도 자신의 생각에 부족한 게 없을까 염려하였다. 이치에 맞다고 결론이 난 경우에도 다른 의견이 나오면 다시 토론하여 상대방이 의심스러워 하는 점을 꼭 풀어주려고 했다. (이덕홍)

• 누가 무엇을 물으면 자잘한 내용이라도 잠시 마음에 두고 생각한 뒤 대답하였다. 묻자마자 대답하는 경우는 없었다. (김성일)

• 의견이 서로 다른 내용을 토론할 때도 상대방이 옳지 않다고 성급하게 말하지 않았다. 의리에 비춰볼 때 아마도 그렇지 않을 것 같다고 말하였다. (우성전)

- 마음이 깨끗하고 기운과 감정은 맑고 그윽하며 당당하고 성실하였다. 혼자 있을 때라도 스스로 속이지 않았다. 일상은 늘 차분하면서도 강직하였다. 사람을 마주할 때는 겸손하고 따스한 기운이 느껴졌다. 마음을 열고 이야기할 때는 진솔한 자세를 드러내 보였다. 겸손하게 묻기를 좋아하고 사람들의 생각을 존중했다. 어떤 사람에게 조금이라도 좋은 점이 있으면 마치 자신의 일처럼 좋아하였다. 자신에게 조금이라도 잘못이 있으면 이를 고치는 데 주저하지 않았다. (정유일)

- 따뜻하고 공손하고 자상하고 조용하였다. 화가 난 모습이나 거친 행동을 하지 않았다. 멀리서 바라보면 엄격한 듯한 모습이지만 가까이에서 마주하면 온화하고 친근한 느낌을 주었다. (김성일)

- 쉬우면서도 분명한 것은 선생의 학문이다. 말과 행동의 떳떳함은 선생의 바탕이다. 바람과 구름처럼 맑고 시원한 모습은 선생의 품위이다. 옷이나 곡식처럼 평범하면서 절실한 것은 선생의 문장이다. (김성일)

- 생활하는 공간은 가지런했다. 책상은 깨끗하게 정돈했다. 책이 가득한 방은 언제나 바르게 정리해 흐트러진 경우가 없었다. (김성일)

- 귀한 손님을 맞이하는 듯한 모습으로 학생들을 마주했다. 선생을 모시고 앉으면 함부로 얼굴을 쳐다보기가 어렵지만 가르침을 받을 때는 온화한 분위기가 생겼다. 선생의 강의는 다정하고 친절하면서도 명확하여 의심이 남는 경우가 없었다. (정사성)

- 다른 사람의 허물을 입에 담지 않았으나 간혹 들리는 경우에는 안타까워하는 마음을 보였다. (우성전)

- 사람들과 종일 이야기하면서도 열성적인 마음은 흐트러지지 않았다. 서로 의견이 다른 경우가 있어도 표정이 바뀌는 경우가 없었다. 강압적이고 무시하는 듯한 행동은 더더구나 없었다. (우성전)

- 말은 매우 조심스러웠지만 학문을 논의하는 과정은 명확하여 막히지 않았다. (우성전)

- 21세 때 허씨(許氏)를 부인으로 맞이했다. 손님을 마주하듯 서로 공경하였다. (오운)

- 어려서 아버지를 여의고 어머니를 모셨는데, 늘

조심하면서 표정을 살피고 뜻을 따랐으며 거스르는 행동을 하지 않았다. (김성일)

• 문인들이 부모 봉양에 관한 이야기를 할 때면 몸을 움츠리면서 스스로를 죄인이라고 여겼다. (김성일)

• 집안의 분위기는 엄격하면서도 화목하였다. 형님을 아버지처럼 모셨으며 형편이 어려운 친척을 도우는 데 정성을 다했다. (정유일)

• 집안에서는 위엄을 보이면서도 사랑하는 태도로 사람들을 대했다. 아랫사람들을 엄격하면서도 보듬는 모습이었다. 옷과 음식은 지나치지 않도록 했다. 자식이 성장하자 철저히 교육하되 자질을 존중했다. (이덕홍)

- 부인 허씨의 친정은 형편이 넉넉한 편이었다. 선생이 처가에 갈 때는 평소 타던 보통 말을 탔다. 부인의 친정에 크고 살찐 말이 있었지만 탄 적이 없었다. (이안도)

- 서울(한양)에서 지낼 때 고관이 타는 수레(초헌)를 이용하지 않았다. 입궐하여 임금을 뵙는 일에도 말을 탔으며 초헌을 타지 않았다. (우성전)

- 제사는 아무리 춥거나 더워도 병으로 거동이 불편하지 않는 한 직접 신주를 받들고 제물을 올렸다. 다른 사람이 대신하도록 하지 않았다. (김성일)

- 제사를 마친 뒤에도 오랫동안 조상의 위패를 마주하고 앉아 있었다. (이덕홍)

- 자손들에게 허물이 있으면 심하게 꾸짖지 않았다. 거듭 타이르고 가르쳐 스스로 느껴 깨닫도

록 했다. 하인들에게도 다그치며 화를 내거나 꾸짖지 않았다. (김성일)

- 시골에서 살 때 세금 같은 의무는 다른 사람보다 먼저 처리했으며 미룬 적이 없었다. (김성일)

- 술은 많이 마시지 않았다. 적당한 취기가 생길 정도에서 절제하였다. (이덕홍)

- 물건을 주고 받는 자세는 엄격하였다. 의로운 경우가 아니면 어떤 것이라도 다른 사람에게 주거나 받지 않았다. (김성일)

- 안동의 사찰에 머물 때 아는 사람이 물고기를 보냈다. 이웃 노인에게 나누어 드린 뒤 먹었다. (이덕홍)

공자의 일상 공경-논어 향당 편

- 장인의 집이 서울에 있었다. 장인이 집을 선생에게 주려고 했으나 받지 않았다. 서울에 드나들 때 임시 거처에서 묵었고 장인의 집에서 기거하지 않았다. (김성일)

- 사람을 대하는 자세가 매우 관대하였다. 아주 큰 잘못이 없다면 교제를 끊지 않았다. 용서하면서 가르쳐 스스로 노력하여 새로운 사람이 되기를 바랐다. (김성일)

- 손님을 맞아 식사할 때는 집안 형편에 따라 음식을 준비하였다. 귀한 손님이 찾아와도 형편을 벗어나 음식을 많이 차리지 않았다. 신분이 낮은 손님이라고 해서 소홀히 대접하지 않았다. (김성일)

- 제자들을 벗처럼 마주했다. 나이가 적더라도 이

름 대신 '너'라고 부르지 않았다. 맞이하고 보낼 때는 두루 마음을 쓰고 존중하는 예의를 보였다. 자리에 앉으면 부모 형제의 안부부터 물었다. (김성일)

• 벗이 세상을 뜨면 아무리 먼 곳이라도 반드시 추모하는 글과 제물을 보냈다. (김성일)

• 손님을 마주하고 음식을 먹을 때는 수저 소리가 들리지 않았다. 반찬은 끼니마다 두서너 가지였다. 도산에서 선생을 모시고 식사를 한 적이 있는데, 반찬은 나물 세 가지였다. (이덕홍)

• 50세에도 집이 없었는데, 결국 퇴계(退溪)에 집을 마련했다. 병진년(1556)에 내가 처음 그곳으로 찾아 뵈었다. 책이 가득한 방에서 향을 피우고 조용히 앉아 계셨다. 얽매이지 않은 듯한 모습으로

공자의 일상 공경-논어 향당 편

여생을 마칠 것 같은 느낌이 들었다. (김성일)

- 만년에 도산에 터를 잡아 집을 짓고 책을 보관
  하였다. 아침저녁으로 혼자 쪽배를 타고 강을
  오르내리곤 했다. 경전을 깊이 탐구하며 산수를
  즐기는 고요한 모습은 초연하게 보였다. (정유일)

- 대궐 문으로 들어갈 때는 두 손을 잡고 공경하
  는 자세로 걸음을 빠르게 했다. 느릿한 모습으
  로 들어가지 않았다. (김성일)

- 임금의 명령이 오면 공경하고 두려워하면서 옷
  차림을 바르게 하여 맞이하였다. 책상 위에 받
  들어 모시고 여러 번 절을 한 다음 또박또박 읽
  었다. 내용을 이해한 다음에는 다시 여러 번 절
  을 하였다. (김성일)

- 관직에서 물러난 지가 오래되었지만 나라를 걱정하는 마음은 더욱 두터웠다. 가끔 학자들과 이야기를 나누다 나라를 걱정하는 데 이르면 나라를 위하는 마음에 북받치곤 했다. (정유일)

- 풍기 군수를 마치고 집으로 돌아올 때 짐은 매우 간소하여 책 몇 권이 전부였다. 책을 담은 상자는 관청으로 돌려보냈다. (이안도)

- 고을을 다스리는 모습은 일을 간결하고 조용하게 처리하였고 소란스럽지 않도록 하였다. (김성일)

- 8일 아침, 매화 화분에 물을 주라고 하였다. 이날은 맑았는데, 오후 5시 무렵 갑자기 흰 구름이 집 위에 모이고 눈이 내렸다. 누워있던 선생은 일으켜 달라고 한 뒤 앉아서 돌아가셨다. 구름은 흩어지고 눈도 그쳤다. (이덕홍)

참고문헌

장연영 역주, 《논어》, 중화서국, 2008.

주희, 《사서장구집주》, 중화서국, 2008.

왕숙, 《공자가어》, 연산출판사, 2009.

지재희 이준영 옮김, 《주례》, 자유문고, 2002.

이상옥 옮김, 《예기》, 명문당, 2003.

정준영 해설, 《시경》, 상해고적출판사, 2012.

강건설 해설, 《상서(서경)》, 하남대학출판사, 2008.

문선규 옮김, 《춘추좌씨전》, 명문당, 2014.

사마천, 《사기》〈공자세가〉〈중니제자열전〉, 연산출판사, 2010.

김용옥, 《논어한글역주》, 통나무, 2008.

김학주, 《논어》, 서울대출판문화원, 2009.

김학주, 《주공 단》, 연암서가, 2022.

박일봉, 《논어》, 육문사, 2000.

성백효 역주, 《논어집주》, 전통문화연구회, 2009.

양백준, 이장우 박종연 옮김, 《논어역주》, 중문출판사, 2002.

이권효, 《논어신편:새로 편집한 논어》, 새문사, 2017.

이민수 옮김, 《공자가어》, 을유문화사, 2003.

이택후, 임옥균 옮김, 《논어금독》, 북로드, 2006.

장기근, 《논어》, 명문당, 2013.

한유, 《한유집》〈원도(原道)〉, 봉황출판사, 2006.

정순목, 《퇴계평전》, 지식산업사, 1989.

홍승균 이윤희 옮김, 《퇴계선생언행록》, 퇴계학연구원, 2007.

James Legge, Confucian Analects, 대북문성서점, 1966.

Raymond Dawson, Confucius-The Analects, Oxford university press, 2000.